这不是简单的《一千零一夜》故事，
而是连阿里巴巴也不知道的小秘密哟！

阿里巴巴
也不知道的
小秘密

主编：杨 凡

编委：周 昕 李 想 杨 滔 窦炳香
　　　许正华 杨明君 梁 婉 邱 莹
　　　向凌松 曹家艳 杨 文 张 燕

哈尔滨工业大学出版社
HARBIN INSTITUTE OF TECHNOLOGY PRESS

图书在版编目（CIP）数据

阿里巴巴也不知道的小秘密 / 杨凡主编. —哈尔滨：哈尔滨工业大学出版社，2015.7

（读名著·学常识）

ISBN 978-7-5603-5291-6

Ⅰ.①阿… Ⅱ.①杨… Ⅲ.①科学知识–少儿读物 Ⅳ.① Z228.1

中国版本图书馆 CIP 数据核字 (2015) 第 067338 号

策划编辑	张凤涛
责任编辑	张凤涛　常　雨
装帧设计	琥珀视觉　恒润设计
出版发行	哈尔滨工业大学出版社
社　　址	哈尔滨市南岗区复华四道街 10 号　邮编 150006
传　　真	0451-86414749
网　　址	http://hitpress.hit.edu.cn
印　　刷	哈尔滨市石桥印务有限公司
开　　本	787mm×1092mm　1/16　印张 8.25　字数 100 千字
版　　次	2015 年 7 月第 1 版　2015 年 7 月第 1 次印刷
书　　号	ISBN 978-7-5603-5291-6
定　　价	25.00 元

（如因印装质量问题影响阅读，我社负责调换）

前言

你可能有着太多太多的思维定式,例如:名著是名著,科学是科学。现在,你手上的这套书将为你打破这个定式!

它会告诉你,原来,名著和科学常识还可以如此结合!想想看,桑鲁卓给国王讲完故事后,公鸡为什么会打鸣儿?它真的是在叫我们起床吗?还是吃饱了没事干,练练嗓子而已?又或者,这里面还隐藏着什么秘密?

没错,《一千零一夜》故事里的主人公,也正面临着同样的挑战,他们必须揪出这些秘密,才能迎接受到祝福的命运。否则,等待他们的将是残酷的惩罚!

类似这样的科学秘密,将会出现在本书的三十个小故事里。现在,就赶紧活动活动大脑,准备来一场在感性故事与理性科学的碰撞中,获取的奇妙体验吧!

特别提醒,这不是简单的《一千零一夜》故事,而是连阿里巴巴也不知道的小秘密哟!

秘密一：多亏了公鸡打鸣儿，才有了一千零一夜！/6

秘密二：啊，终身不笑太可怕了！/10

秘密三：咦？"超级王子"也参加射箭选秀？/ 14

秘密四：把海水喝光，太扯淡啦！/18

秘密五：看，比驴还笨的糊涂蛋在此！/22

秘密六："盗梦空间"？古时候就有了！/ 26

秘密七：这个黑人骗起人来可真黑呀！/30

秘密八：看！那座灯塔是"雷锋"送的/34

秘密九：想拖欠工资？那就听段笛子独奏吧！/38

秘密十：有毒和没毒，差距咋就这么大哩？/42

秘密十一：抢着认罪，京城里有这等怪事？/46

秘密十二：送黄瓜赏千金？天上真会掉馅饼？/50

秘密十三：擦亮双眼，想当王族不容易！/54

秘密十四： 嘿嘿！沙漠中传来了一声冷笑/58

秘密十五：原来，阿拉伯也有个"白蛇传"/62

秘密十六：哇！这油灯原来是"哆啦Ａ梦" /66

秘密十七：幸亏魔戒归来，才有这样的大团圆！ /70

秘密十八：快看，这木马能像鸟一样飞！ /74

秘密十九：瞧这对智者教育出来的猫和鼠！ /78

秘密二十：只要哄她说话，就能当上驸马！ /82

秘密二十一：哪里有鬼魂？那是位大帅哥！ /86

秘密二十二：钻石黄金都懒得要？这真是无话可说！ /90

秘密二十三：橄榄怎会永不烂？这连小孩都明白！ /94

秘密二十四：这免费的糖拌饭到底能不能吃呀？ /98

秘密二十五：芝麻！一定要记住是芝麻！ /102

秘密二十六：大海到底啥颜色？只有辛巴达知道！ /106

秘密二十七：别瞧不起小孩，否则让你好看！ /110

秘密二十八：用锡封住瓶口，看你怎么出来！ /114

秘密二十九：大胆！谁敢糟蹋国王的全鱼宴？ /118

秘密三十：冒牌中国货？这也太逗了！ /122

秘密一：多亏了公鸡打鸣儿，才有了一千零一夜！

你会讲故事吗？你们班里的"故事大王"是谁？今天，给你讲个最最有名的"故事大王"的故事，她不但会讲很多故事，而且，她的故事还拯救了无数人的生命……

很久以前，萨桑王国有个国王叫山努亚，他智勇双全，把国家治理得井井有条，深受老百姓爱戴。可是有一天，他发现自己的王后欺骗了他，感到悲痛欲绝。从此，他认为所有女人都是阴险狡诈的大骗子，于是便对全国女子展开了可怕的报复。

他先处死了第一任王后，再从民间选了一个女子当新王后。能当上王后，那个女子肯定笑得合不拢嘴呀？错，她哭还来不及呢！新王后进宫才过了一晚上，第二天早上雄鸡一打鸣儿，山努亚就立刻下令杀死她，接着再娶一名王后，隔天早上继续杀掉，再娶，再杀……

就这样，山努亚胡作非为了三年，一千多个如花似玉的姑娘命丧其手。直到有一天，一个叫桑鲁卓的姑娘成为他的王后。桑鲁卓貌美如花、知书达礼、知识渊博，更重要的是，她就是我们开头提到过的——那个最最有名的故事大王。

晚上，山努亚在床上辗转反侧，每当他闭上眼睛就会情不自禁地想起第一任王后的事情，恨得咬牙切齿、彻夜难眠。"陛下，让我来讲个故事给您听吧，就像小时候听着妈妈的故事进入梦乡一样！"桑鲁卓在旁边轻声说。

"讲吧！"山努亚答应了，他想，杀掉这个女人之前听个故事也没什么。

可是没想到，桑鲁卓讲的故事实在是太好听了，山努亚一听就入了迷，他深深地沉醉在故事情节之中，忘记了一切怨恨和烦恼。故事整整讲了一个晚上，当讲到结局时，宫门外传来了雄鸡的叫声——天亮了。这时，桑鲁卓闭上嘴，一声不吭。

"怎么不讲了，还没完呢！"一旁听得津津有味的山努亚急了。"陛下，鸡叫了，天亮了，您不是要杀掉我吗？""继续讲下去，明天再说！"山努亚催促道。"我还有许多好故事，只要您不杀我，我每晚给您讲一个。""好，那就等你把故事讲完再杀！"

桑鲁卓的挑战

于是,桑鲁卓每晚都给山努亚讲故事。

日复一日,她一共讲了一千零一个故事,安全地度过了一千零一个夜晚。到了第一千零二个晚上,山努亚早已忘掉了仇恨,成了桑鲁卓的忠实"粉丝"。

他说:"我向真主发誓,我不杀你了,我要把你这些故事编成一本书,由我一个人收藏享用!"

"陛下,这本书应该流传到民间,让每个人都能读到。这样吧,我出道题给您回答,如果答对了,就照您说的办;答错了,您就答应我的请求。" 桑鲁卓说。

"好,那请先知来评判!"山努亚接受了挑战。

"请听题!"

题目是:雄鸡为什么早上打鸣儿?

A. 叫人们起床;

B. 喜欢白天;

C. 亮光刺激;

D. 吃饱了没事干,练练嗓子而已。

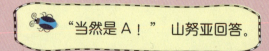

"当然是A!" 山努亚回答。

先知评判

"陛下,您错了!雄鸡可没那么聪明!它们早上打鸣,只是因为被亮光刺激了而已。"

原来,在夜晚,鸡基本上是瞎子,什么都看不见。于是,它们就感到紧张害怕。这时,雄鸡脑子里有个叫"松果体"的地方,便分泌出一种物质,来抑制鸡的躁动,让它们安静下来,渐渐入睡。

而当清晨的第一丝光亮照到鸡的眼睛时,大脑"司令部"就会告诉"松果体":可以停止分泌了。这时,鸡又重新兴奋起来,它们醒来后,发现又可以看见东西了,当然就情不自禁地叫起来啦!

不过,你注意过吗?并不是所有的雄鸡都会准时在黎明打鸣儿,有时候,它们半夜也会打鸣儿,真是扰人清梦啊!

对此,咱们不必奇怪。因为,有时候夜晚的月光会比较亮,再加上,现在城市里的灯光和霓虹灯打破了黑暗,所以,雄鸡误以为黎明到来,而在夜晚打起了鸣儿,也就不足为奇了。

山努亚的承诺

山努亚答错了,于是他命人将桑鲁卓的一千零一个故事编成书,取名叫《一千零一夜》,并传到民间。从此,所有人都可以欣赏到这些精彩的故事,一直流传了上千年。而咱们这本书里,就收集了其中不少精彩的故事呢,请接着往下看吧!

秘密二：啊，终身不笑太可怕了！

两人面对面，大眼瞪小眼，谁都不许笑，谁先笑算谁输！你玩过这个游戏吗？有一个人，玩这个游戏没人赢得了他，他就是这个故事的主人公——终身不笑者。

起初，这位仁兄还是会笑的，而且是个"富二代"。他父亲给他留下了一大笔家产，可是他不懂得珍惜，整天花天酒地，挥金如土，结果把家产花得一干二净，不得不去当苦力来谋生。

一天，他蹲在大街上等人来雇他干活。一位老人来到他面前，白发苍苍、面貌慈祥。童话里的神仙、贵人大多是以这个形象出场的，看来他要转运了。

"孩子，我这里有十位老人需要照顾，如果你做得好，就能找回以前的幸福！"老人对他说。"好！只要能幸福，我什么都愿意做！"

他和老人来到了一幢华丽的房子里，照顾十位老人的生活起居，一直都勤勤恳恩。虽然照料得很好，但老人们从来没有笑过，整天对着一扇上了锁的房门唉声叹气，个个满脸愁容。至于什么原因，他没敢去问。

就这样，十二年过去了，十位老人相继去世。等最后一位老人下葬后，他终于忍不住好奇心，砸开门锁，想看看那扇门后究竟有什么。

推开门，是一条狭长的通道，穿过通道，他来到了一个海滩边。突然，一只大雕飞下来抓起他，把他带到了一座孤岛上。就在他身陷孤岛，饿着肚皮，差点儿当上了鲁滨孙第二的时候。神奇的事情发生了！

一艘精致的木船从远方驶来，划船的竟是十位婀娜多姿的美女。美女们把他拉上船，给他戴上镶着宝石的金冠，穿上丝绸制成的华服，并驾船来到了一个神秘的国度。岸边，无数士兵列队欢迎，定眼一瞧，那些士兵居然也是清一色的美女，看得他眼花缭乱。

"你们是谁？要把我带到哪去？"他连忙问。

"您不知道吗？您要做我们女王的新郎了，我们是护送您去举行婚礼的呀！今后我们都是您的仆人。"美女们笑着回答。

"啊？哦——耶——"幸福从天而降，他差点喜晕过去。

身陷美女如云的女儿国，只有唐僧能淡定地离开，可是他显然不是唐僧。很快，他就和美若天仙的女王举行了盛大的婚礼。婚礼上，女王指着宫殿里的一扇门对他说："亲爱的，从今以后你就是国王了，想干什么就干什么，除了不要打开这扇门。""好！"他连忙答应。

从此，他拥有了数不清的财富、奴仆，和女王恩恩爱爱过了七年。他真的找回了从前的幸福，不过，老毛病也回到了他身上。

大雕的挑战

有一天,他突然想起了女王禁止打开的那扇门。

"门后面是什么呢?说不定有更幸福的事情在等着我呢!"于是,他偷偷地打开了门。

原先那只大雕居然出现在门后,对他怒吼道:"不知足的家伙,你和那十个老头没啥区别,现在这里不欢迎你了!"说完,就抓起他飞过大海,把他扔回了原来的海滩。

"我错了,求求你带我回到女王那里吧!"想起和女王一起的幸福时光,他后悔莫及,不断地央求。

"给你最后一个机会。你若答对我的提问,就带你回去。"大雕说。

"好,请先知来评判吧!"

"听好了!"

题目是:人为什么会笑?

A. 为了相互交流;

B. 好玩而已;

C. 为了和哭唱反调;

D. 为了让自己高兴。

 "应该是D吧!"他回答。

·先知评判·

你错了,笑不仅仅是因为高兴,而是人类之间相互交流感情的一种方式。

远古的时候,人类祖先还不会说话时就能发笑。他们发现在玩耍时,互相挠胳肢窝会产生一种生理反应:露出牙齿,发出"呼呼"的喘气声。

随着人类的进化,这种喘气声逐渐演变成了"哈哈"的笑声。后来,人类越来越聪明,也变得社会化,笑就具有交流感情、向周围传递信息的作用。

很多心理学家都对笑进行过深入研究,很多医学家也不甘落后,纷纷研究笑对人的作用。后来,他们发现,笑能舒缓人的紧张情绪,而且,还能提高身体的免疫力!

可见,"笑一笑,十年少"这种说法,确实有一定的道理。既可以让身体健康,又能表达高兴和快乐,何乐而不为呢?

不过,开心的、爽朗的笑可以让所有人心情愉悦,但嘲笑、冷笑却不可取哟!

·大雕的惩罚·

"你答错了,永远别想再见到女王!"大雕转身飞走了,很快消失在天空中。终身不笑者只好垂头丧气地沿着老路,回到了那幢房子里。想到自己没有珍惜幸福时光,他整日捶胸顿足、苦闷忧郁地过着日子,直到去世都没有再笑过。

秘密三：咦？"超级王子"也参加射箭选秀？

帅哥配美女，宝物配英雄，下面的故事全是偶像派出演……

古时候的印度有一个国王，他有三个王子——霍辛、阿里和艾默德。这三个王子可不一般，只要他们站在一起，那简直就堪比"飞轮海"，个个都帅得不得了！每当出巡，准会在人群中引来一阵阵少女的尖叫声。可惜，那个时候没有好莱坞和韩剧，歌手的地位也非常低，于是，他们就只能成为女孩们的偶像而已。

长得帅，无数人爱，但三个王子并没因此感到高兴，因为他们同时爱上了全国头号大美女——诺哈公主。

诺哈公主是国王的侄女，那相貌只有用沉鱼落雁、闭月羞花这些词来形容。到底让谁娶公主呢？这下国王可为难了。

想破了脑壳，国王终于想到了一个主意——举办一场"超级王子"选拔赛。第一轮比赛内容：让王子们去世界各地寻宝，期限一年，谁找到的宝贝最神奇，谁就娶公

主！

三个王子离开王宫出发了，他们来到一个三岔路口就各奔东西，约好一年后在此地见面。

阿里向西走，买到了一根象牙管，管子的两头都镶着玻璃，通过玻璃可以看到任何想看的东西。据现今某"砖家"分析，他可能穿越了时空，找伽利略买到了世界上第一架望远镜。

艾默德向东走，得到了一个苹果，只要碰一下苹果，就能治愈百病。"砖家"指出，他可能曾经来到中国，遇上了神医扁鹊。

霍辛则去了华斯纳格国，买到了一条飞毯，坐上它可以瞬间飞到世界任何角落。"砖家"推测，华斯纳格国在火星上……

一年后，三个王子按时回到了三岔路口，开始展示自己找到的宝贝。可是，当他们拿着象牙管想看看诺哈公主时，却大惊失色，因为他们看到的情景是，诺哈公主得了绝症，快要病死了！

三位王子马上跳上霍辛的飞毯，飞快地赶回王宫。艾默德将苹果贴在公主的脸上，一下就治好了公主的病，让她奇迹般地康复了。

"这三样宝贝缺少了任何一样，公主就没救了。真是难分高下啊！"国王捋捋胡子说，"这样吧，你们比赛射箭，谁的箭落得最远，谁就娶公主。"

于是，"超级王子"第二轮开赛了。霍辛把箭射出了八十步，阿里则射出了一百步。轮到艾默德射箭了，他张弓搭箭，"嗖"的一声，箭消失在天空中，大家找了半天，没有人找到艾默德的箭落到了哪里，没有成绩！

最后，国王把公主许配给了阿里王子。

读名著学常识

仙女的挑战

　　艾默德感到不服气,他顺着自己射箭的方向一路寻找,一心要找到箭掉落的地方。

　　可是,他翻过高山,趟过河流,始终没有找到箭的踪影。

　　"难道箭没有落下来?"正在疑惑时,他遇到了一位仙女。

　　"请问你看到我射出的箭了吗?"

　　仙女回答:"只要你答对我的问题,我就把箭的下落告诉你。"

　　艾默德连忙说:"好啊!那就请先知来评判。"

　　请听题:射出的箭为什么会落到地上?

A. 射箭的力量用完了;

B. 风把箭吹到了地上;

C. 地球引力把箭吸到地上;

D. 空气压力把箭压到地上。

 "应该选 C。" 艾默德回答。

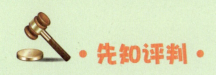

先知评判

阿里巴巴也不知道的小秘密

王子答对了！为什么箭是地球引力吸落下来的？这还得从几百年后的一件事情说起。

1666年的一天，在英国的某座庄园里，一个年轻人正坐在苹果树下看书，突然，一个熟透的苹果从树上落下，正巧打在他的头上。这个看似十分平常的现象，却引起了年轻人极大的兴趣："为什么苹果熟透后是落向地面，而不是飞向天空？"经过多年思考和探索，年轻人终于找到了答案，这就是"万有引力定律"。这个年轻人也因此扬名后世，他就是世界著名的科学家——牛顿。

牛顿发现的"万有引力定律"指出，自然界中任何两个物体都是相互吸引的，存在着引力。因此，地球附近的任何物体，全部会受到地球引力的作用，这种力量的方向总是指向地心，所以射出的箭由于受到地球引力的作用，最终会落回地面。而如果没有引力，箭就会一直飞出地球。

后来，人们发明了火箭，通过绕地球旋转不断提高飞行速度，才摆脱了地球引力，冲出地球，飞向了太空。

仙女的承诺

"好吧，我告诉你，你的箭在我手里。那天，我在空中把它接住并藏了起来，就是希望能有机会等到你。"仙女说。

"以前我的心中只有诺哈公主，没想到还有人在这里默默等我……"艾默德听了十分感动，很快就忘掉了忧愁，和仙女在一起过上了幸福的生活。

秘密四：把海水喝光，太扯淡啦！

有一个富翁，是一个本分的人。他诚实守信，许下的承诺一定会去履行。一次，这个富翁收购了一大袋檀香，前往一座陌生的城市去卖，因为他听说檀香在那里的卖价比黄金还贵。途中，一个牧羊人提醒他说："小心哪！那座城里坏蛋很多，专门坑骗外乡人。"

"看！世界如此美妙，哪有那么多坏人坏事！"富翁不以为然。

进城后，富翁在旅店住下，一个当地人上来问："你是外乡人吧？来这儿有何贵干？"富翁一五一十地把卖檀香的事告诉了他。"哎呀！你肯定搞错了，我们这里最不值钱的就是檀香了，只能当柴火烧！"富翁一听傻了眼："那我不是亏大了吗？"那人说："这样吧，我拿一升的东西来换你的檀香，你想要什么可以随便选，这样也能帮你挽回点损失。"富翁连忙同意，约定第二天交易。

那人走后，富翁到集市上一看，才知道被骗了，檀香的价格比黄金高出很多，就算找那人要一升黄金，也抵不

阿里巴巴也不知道的小秘密

了他那一大袋檀香。其实，富翁完全可以拒绝交易，但诚实守信是他的做人原则，答应的事情就不能反悔，只有自认倒霉吧！可是，这一认倒霉，就会越来越倒霉！

回旅店的路上，一个独眼龙拦住了富翁，硬说富翁有一只眼睛是从他脸上偷的，因为他俩的眼睛都是蓝色的。富翁吵不过他，只好答应第二天赔他一大笔钱。和独眼龙拉扯时，富翁的鞋子被踩破了，去鞋店修理。鞋匠趁火打劫，要求富翁必须做一件能让他感到满意的事情才给修鞋。富翁只有说："明天！明天！"

出了鞋店门，富翁又被一群无赖强拉去赌博，欠了一屁股债，第二天要么向无赖还债，要么把海水喝光……"这世界一点儿都不美妙！"富翁遭遇了一连串劫难，坐在路边大哭起来。

一个老妇人走过来安慰他："可怜的人，快去城门附近找一个老盲人，他是一位智者……"接下来发生的事就不用说了，用脚指头都能想到，富翁去找了老盲人，此处省略五百字！

第二天，交换檀香的骗子大摇大摆地来找富翁交易："说吧，你想要一升什么东西？是要黄金吗？我可以给你！"

"不要黄金，我要一升跳蚤，半升公跳蚤，半升母跳蚤！"富翁从容地回答。

"这不是扯淡吗？我哪能弄到这玩意儿？"

"那好，交易取消！"

嘿嘿，扯淡的好戏还在后头。

无赖的挑战

独眼龙来找富商:"你偷了我一只眼睛,快赔!"

"好啊,我挖一只眼,你挖一只眼,请法官称一称两只眼是不是一样重,这样就能知道我的眼睛是不是你的了。"

"扯淡!那我还看得见吗?我不干了!"独眼龙溜了。

"快说,你要做一件什么让我感到满意的事情来抵修鞋费?"鞋匠昂着头来了。

"我祝国王身体健康,万岁万岁万万岁!这件事你满意吗?"

"我不……得不满意……"鞋匠低着头走了。

"还赌债,还是把海水喝光?"无赖上门了。

"我来喝海水吧,请你把所有的海水一起端过来!"富商笑着说。

"算你狠!我再出一道题,你若答对,我就免掉你的赌债。"

"讲吧!我们可以请先知评判。"

听好啦:人为什么不能直接喝海水?

A. 海水很脏,有许多海底生物的粪便;

B. 太危险啦,打海水时容易遇到鲨鱼;

C. 会越喝越渴;

D. 喝了海水嘴唇会变蓝。

 "选C。"富商答道。

先知评判

恭喜你，答对了！

海水是一种成分非常复杂的液体，含有大量的盐类和多种元素，而且浓度非常高。

喝了海水，人体不但得不到水分，反而还要加入淡水将其稀释，把它全部变成尿液排泄出去。有人估算，如果人喝了一百克海水，身体就要排出一百五十克的尿。所以，喝完海水后等于没喝水，而且会更加口渴。

那么，生活在海里的海鱼、海鸟等动物天天喝海水，怎么就没有被渴死呢？

原来，这些动物的身体中都有自己独特的"海水淡化工厂"。海鱼的身体里有一种排盐细胞，能将渗入体内的盐分提取出来，经过鳃排出体外。这样，海鱼喝的虽然是海水，吸收到身体里的却是淡水。

而海鸟和其他海洋爬行动物也有类似的排盐"设备"，在它们的鼻腔或眼部，有一种叫盐腺的东西，专门用来排盐。所以我们经常见到海鸟流鼻涕，海龟流眼泪，其实流出来的全是盐液！

人类长期生活在陆地上，因此没有海洋动物体内的"海水淡化工厂"，自然就不能把海水当水喝了。

阿里巴巴也不知道的小秘密

无赖的无奈

富商答对了题，无赖再也没有理由找他讨债，灰溜溜地走了。富翁卖光了檀香，欢天喜地地回家啦！

秘密五：看，比驴还笨的糊涂蛋在此！

从前，有一个头脑简单、又懒又笨的糊涂蛋。一天，他牵着家里的一头毛驴去干活，刚一出门，就被一胖一瘦两个骗子给盯上了。

"我们把那头毛驴骗到手吧！"瘦骗子说。

"怎么骗啊？"胖骗子问。

瘦骗子凑近胖骗子的耳朵："如此……这般……"

两个骗子跟在毛驴后面，胖骗子偷偷地解开了毛驴的缰绳，把毛驴给拉走了；瘦骗子则将缰绳套在自己的头上，模仿毛驴的步伐被糊涂蛋牵着走。如此大的动静，糊涂蛋居然浑然不觉，还一个劲儿大摇大摆地在前面走。真是糊涂啊！

等到胖骗子拉着毛驴消失得无影无踪后，瘦骗子便停住了脚步，不再随着缰绳前行。糊涂蛋感觉缰绳拉不动了，回头一看，只见一个大活人正四肢落地地趴在他身后，不由得吓得往后跳了一步。

"我的妈呀！你……你是什么妖怪？我的毛驴哪儿去了？"

"我是谁？哎呀……我也记不起来我是谁了！"瘦骗子直起身子，一脸迷茫地望着糊涂蛋："哦……想起来了，我就是您的毛驴呀！"

"怎么可能？你明明是一个大活人啊！"糊涂蛋满脸疑惑地说。

"事情是这样的,主人。"瘦骗子一板一眼地说:"我的母亲是一位虔诚的教徒,有一次,我喝醉了酒,母亲严厉地训斥了我,说喝酒是一种罪过。可是我没有听,反而动手打了母亲。母亲很生气,请求万能的真主惩罚我。结果真主把我变成了一头驴,给人使唤而遭受苦难,正好您把我买了下来。今天,母亲觉得我受到的惩罚足够了,便又祈求真主宽恕我。因此,我刚才又变回了人的模样。"说着说着,瘦骗子一把鼻涕一把眼泪地号哭起来。

说实话,瘦骗子没有去当个像格林、安徒生之类的童话家还真是委屈了他,他跑去当骗子,水平实在不敢恭维。可是,笨骗子偏偏遇上了个更笨的糊涂蛋,这位仁兄居然活生生地就相信了瘦骗子的话!

"原来是这样啊!真是委屈你了,别哭别哭。我不知道你是人变的,还天天骑在你身上,让你干重活,对不住啊,大哥!"糊涂蛋一连给瘦骗子鞠了几个躬,搞得瘦骗子心里都有点儿不好意思了。

瞧瞧,被骗了还要给骗子赔不是,糊涂到这地步,那还是相当有水准的!

读名著学常识

·妻子的挑战·

没有毛驴，糊涂蛋回到家里没法干农活，闲了好几天。

他的妻子看不下去了，对丈夫说："你不能总待在家里呀，到集市上再去买头毛驴做点儿事吧！"

"集市那么远，我不去。"糊涂蛋说。

"这样吧，我出道题你来答，答错的话你就去买驴。"妻子说。

"说吧，请先知来评判。"

听好啦：家驴的祖先来自哪里？

A．非洲；

B．亚洲；

C．欧洲；

D．美洲。

糊涂蛋答道："我们这里属于亚洲的范围，城里家家户户都养驴，应该选B！"

阿里巴巴也不知道的小秘密

你错了，家驴的祖先来自非洲。远古的时候，非洲东北部生活着一种野驴，它们头大，耳朵长，腿细，蹄子小，肩部或四肢长有条纹。

非洲野驴以草为食，性格温和、吃苦耐劳、不易生病、生存能力很强。因此，几千年前，人们试着将非洲野驴捕捉起来驯养，让它们帮忙干一些重活。后来，野驴逐渐适应了和人类一起生活，演变成了现在的家驴，并被引进到世界各地，成为人类生产生活的好帮手。

另外，还有一种亚洲野驴。但它们并不是家驴的祖先，外形与叫声和家驴有很大差别。

和家驴差不多的还有一种动物，那就是我们熟悉的马。马的个头比驴大，耳朵比驴短，尾巴是一束蓬松的毛，不像驴尾巴只有尾尖有毛。现在的马也是由野马驯化而来，成为人类的得力帮手，和家驴的命运很相似。

驴和马同属于马科动物，所以它们之间能生儿育女。爸爸是马，妈妈是驴，生下的后代叫驴骡；爸爸是驴，妈妈是马，生下的后代叫马骡。

· 糊涂蛋的承诺 ·

糊涂蛋答错了，只好不情不愿地去集市买驴。说来也巧，他逛着逛着，突然发现集市上有一头正在出售的毛驴看起来挺眼熟，走近仔细一瞧，他大吃一惊，居然是原来自家养的那头驴。这时候，他应该发现自己被骗了吧？没有！

只见糊涂蛋凑近了对毛驴说道："你这个不长记性的，怎么又惹你妈生气了？这次我可不会买你了，你自作自受吧！"说完，扭头就走了。

秘密六："盗梦空间"？古时候就有了！

很早以前，巴格达城里有一个富家少爷名叫哈桑，他为人慷慨豪爽。于是，他的街坊邻居啊、同学同事啊、七大姑八大姨啊……都来找他，不是吃喝玩乐，就是借东西要钱，哈桑从不拒绝。

日子一久，哈桑的钱财被各种熟人消耗得一干二净，变成了穷光蛋。这时，那帮熟人居然一哄而散，不但不帮他，反而还欺压他。

哈桑通过努力，终于又赚了点儿钱。有了这次教训，他再不敢相信熟人，只愿和陌生人交往。

一天，哈桑在街头遇到了一个陌生人，此人气宇轩昂、风度翩翩。哈桑热情地请陌生人到家里做客，用好酒好菜招待。陌生人被哈桑的豪爽打动了，两人谈得很投机。

交谈中，哈桑把自己的经历说了一遍，陌生人笑着问："我很同情你的遭遇，你有什么愿望吗？"

"假如我是国王，一定要惩罚那些忘恩负义的人！"哈桑回答。

"好，祝你如愿！"陌生人递给哈桑一杯酒。哈桑喝了就迷迷糊糊地睡着了……

下面，是解密时间，每一个秘密都会令你震惊。

原来，陌生人在酒里下了瞌睡药！

原来，陌生人居然是微服出巡的国王！

原来，"盗梦空间"，古时候就有了！

国王命令随从把哈桑背到王宫,又叫宫女给哈桑换上王袍,并召集大臣们说:"明天等他醒来,你们要叫他国王,像服从我一样服从他!"

第二天,哈桑睁开眼睛,立刻被惊呆了,自己躺在金碧辉煌的宫殿里,一群大臣跪在面前呼喊万岁⋯⋯

"什么情况?"哈桑脑子有点儿乱。

"陛下,您该上朝了!"

"我是国王?这不是做梦吧?"哈桑咬了一下自己的手指,生疼!

"这不是梦!"哈桑相信自己是国王了,并逐渐进入角色⋯⋯

"来人啊,快去赏给平民哈桑的母亲100枚金币,再去把那些欺压过哈桑的人打四十大板!"哈桑发布了第一道命令。

接着,他处理了一整天国家大事,又欣赏了歌舞。他快乐极了,一高兴就重赏了所有舞女。

"这小子当国王还真有模有样。"真正的国王躲在幕后偷笑。深夜,国王趁哈桑熟睡,吩咐人把他悄悄送回了家。

读名著学常识

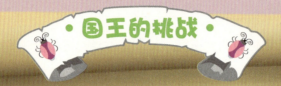

国王的挑战

天亮了,哈桑醒来,发现自己躺在原来的住处,穿着原来的衣服,咬下手指,生疼!

"多么真实的梦境啊!"哈桑有点儿遗憾。

这时,哈桑的母亲跑进来,兴奋地说:"儿子,昨天国王派人赏了我100枚金币,还惩罚了欺压你的那些家伙!"

"妈,我有点儿头晕……"哈桑两眼一黑,晕倒在床上……

这国王也真是,"盗梦"游戏玩大了,会让人精神分裂的!

过了一段时间,国王又扮成平民来找哈桑聊天,哈桑见着他就躲,说:"我再不和你聊天了,上次我招待你后,就做了一个怪梦,让我分不清梦境和现实,差点疯掉。说不定你是魔鬼!"

国王暗笑,说:"这样吧,我就以'梦'为题考考你,你若答错就陪我聊天。"

听好啦:人为什么会做梦?

A. 大脑生病了;

B. 睡觉睡得太沉;

C. 睡觉时有一部分大脑还醒着;

D. 魔鬼施的法。

 "选D。"哈桑说。

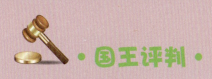

国王评判

你答错了,人做梦是因为有一部分大脑还醒着。

清醒状态下,人的大脑细胞努力地工作,让我们能思考问题、记忆知识、回忆事情……入睡后,大部分脑细胞都停下了工作,开始休息,但是有一部分脑细胞仍旧会不由自主地运转着,让人在睡觉时也会想事情、有感觉,从而产生了梦境。因为只是部分脑细胞在大脑意识不清的状态下活动,所以人梦见的事情往往是不完整、乱七八糟、荒唐离奇的。

做梦是人体的一种正常现象,每个人都会有做梦的经历。科学家研究发现,人在睡觉时,如果眼球在激烈地活动,那他很可能就是在做梦。而且,一些高等动物,如狗、猩猩也会做梦。

做梦的影响有好有坏。最新研究结果表明,有梦的睡眠才是质量较高的睡眠。做梦能使大脑内部产生活跃的化学反应,促进脑细胞蛋白质的合成和更新,可以很好地解除一天的疲劳,让身体得到调整。

但是,做噩梦则会干扰睡眠,影响大脑的正常活动。而且噩梦往往是身体生病的信号。

阿里巴巴也不知道的小秘密

哈桑的承诺

哈桑答错了,便同意陪国王聊天。两人饮酒吟诗,畅谈心声,非常快活。国王把哈桑带到皇宫,告诉他那天的梦境全是人为制造的假象,哈桑恍然大悟。后来,国王干脆让哈桑留在宫中,并把最受宠的宫女许配给他为妻。从此,国王和哈桑成为真诚的朋友。

秘密七：这个黑人骗起人来可真黑呀！

讲故事前，先学下历史知识。一千多年前，中东的阿拉伯帝国十分强大，占领了非洲北部，把当地黑人抓去做奴隶。黑奴的遭遇十分凄惨，给主人做牛做马，还被当牲口买卖。

贝浩图就是一个黑奴，他曾在非洲草原快乐地生活。一天，阿拉伯骑兵闯进村子，把他抓走，押送到千里之外的奴隶市场贩卖。沦为奴隶，贝浩图该怎么办？揍奴隶贩子一顿？旁边都是真刀真枪的守卫，他又不会降龙十八掌，没这本事！趁月黑风高逃走？奴隶逃跑是要被杀头的，风险太大！

不过，他自有办法。一天，一个财主花六百银币买下了贝浩图，对奴隶贩子说："这黑奴看起来挺有力气，他有什么缺点吗？"

"回老爷的话，我什么都好，就是每年要撒一次谎。"贝浩图抢着说。

"我买你是要你干活的，撒个谎能奈我何？"财主笑道。

"那行，我已经说过我的缺点。请您向真主发誓，当我因缺点犯错时，不要惩罚我。"

"没问题！"

于是，贝浩图被财主带回了家。他全心全力干活，把财主一家伺候得舒舒服服。财主就对这个听话的黑奴没有疑心了。

一天，财主外出请朋友吃饭，让贝浩图跟在身边。吃到一半，财主想起有个东西放在家忘拿了，便叫贝浩图回去取。

贝浩图跑回家，突然一把鼻涕一把泪地大哭起来。

"你咋一个人回来了？老爷呢？"财主太太和小姐连忙问。

"出大事啦！刚才老爷和宾客们坐在一堵墙边吃饭，吃着吃着，墙突

然塌了,他们都给压死啦!"

"老头子啊,你死得好惨哪……"太太哭天抢地、捶胸顿足起来,她几乎发疯,见东西就砸,把家里砸得稀烂。如此大的动静,引来不少人看热闹。财主可是位著名企业家,他的"死讯"一下传开了,就连省长都派了一支丧葬队,让贝浩图带路,要去进行遗体告别。丧葬队带着财主太太、女儿,一路哭着喊着出发了。贝浩图走在最前面,他加快脚步,甩开队伍,跑到了财主这边。

"老爷啊,不好啦……"贝浩图一见财主,又痛不欲生地哭起来。

"出了啥事?"

"我刚才回去,发现您家大宅垮了,太太、小姐、牛羊、鸡鸭、骡子……全压扁了!"贝浩图说。

听到"噩耗",财主也疯了,他撕衣服、抓头发、摔头巾,哭喊着往家里跑,宾客们也跟着一起涌去。

嘿嘿,真是不骗则已,一骗惊人哪!

财主的挑战

财主狂奔了没多远,就一头撞见自己的丧葬队。财主、太太、小姐三人傻傻地看了对方很久,终于破涕为笑:"原来你还没死啊!"后来,他们又回过神来:"这是谁撒的谎?贝浩图,你给我出来!"

贝浩图恭恭敬敬地站在财主面前。

"你这个贱奴居然骗我,害得我们如此狼狈,我要扒了你的皮!"财主气急败坏地吼道。

"老爷,您忘了您当初发的誓了吗?我已将我的缺点告诉过您,您不能惩罚我。"

"这……我虽发过誓,但你骗得我太惨。现在我出道题你来答,你若答错,我还是要惩罚你!"财主不罢休。

"好吧,请讲,请先知评判。"

你们黑人的皮肤为什么比较黑?

A. 为了少晒太阳;

B. 因为他们不爱洗澡;

C. 因为他们经常夜间打猎,好隐藏自己;

D. 因为非洲的天气太热。

 贝浩图说:"我是黑人,我当然最清楚,选A。"

先知评判

他说对了，你不能惩罚他。

黑人为什么黑，这得从晒太阳说起。

都说晒太阳有利于身体健康，但如果阳光太强，也会伤害人体。因为阳光中有一种叫紫外线的射线，数量太多的话就会烧伤皮肤，引发皮肤癌等疾病。

面对紫外线，人的皮肤也不甘示弱，会产生一种叫黑色素的物质来抵抗它，从而避免受伤。黑色素的颜色是黑褐色，皮肤中的黑色素越多，肤色就会显得越黑。

远古时候，黑人的祖先一般生活在地球赤道附近，那里太阳照射地面的角度很大，所以天气炎热，阳光强烈，紫外线很强。为了适应这种气候并长期生活下去，黑人的皮肤中产生了较多的黑色素，让他们不易晒伤，同时，也让肤色显得黝黑了。

仔细观察，你还会发现黑人的手掌、脚掌皮肤比较白，这是因为这些部位没有长期暴露在阳光下的缘故。

财主的承诺

"这个狡猾的黑奴！我要退货！"财主嚷道，一想到以后再冷不丁地被贝浩图骗上一骗，就全身打寒战。财主不敢留贝浩图，气急败坏地把他退回了奴隶贩子那里。后来，贝浩图又被卖了几次，都因为撒谎被退了回来，从此没人再敢买他。奴隶贩子没办法，只好把他给放了。贝浩图高高兴兴地踏上了回非洲的旅程。

阿里巴巴也不知道的小秘密

秘密八：看！那座灯塔是"雷锋"送的

有一个年迈的樵夫住在海边渔村，他家里很穷，没有子女，老伴又经常生病，所以年纪一大把了，还得每天上山砍柴去换钱，饥一顿饱一顿。一天，樵夫上山砍柴，坐在树桩上唉声叹气："我好命苦啊！"

"刷——"的一声，一位白胡子老人出现了。"我知道你遇到了困难。这里有100枚金币，你拿去用吧！"老人微笑着说。

"谢谢，谢谢！请问您尊姓大名？"樵夫激动万分。

"做好事不留名，就叫我神仙吧！""刷——"的一声，神仙不见了。

樵夫高兴极了，刚想跑回家把好消息告诉老伴，可又发起愁来。原来，樵夫的老伴是个购物狂，有多少钱就会"血拼"多少，如果她知道有这笔钱，两三天就会花光。"不能告诉她。"樵夫回到家里，把金币藏在后院的一堆破铜烂铁中，然后装作啥事也没发生。

第二天，樵夫照旧去砍柴，晚上回来，老伴准备了一桌丰盛的饭菜。"你哪来的钱买这么多吃的？"樵夫紧张地问。

"我把后院那堆破铜烂铁给卖了，换了点儿钱吃顿好的！"老伴笑答。

"哦！真丰盛呀……"樵夫心里在淌血，脸上却在干笑。真是哑巴吃黄连，有苦说不出！

隔天，樵夫坐

在山上叹气。"刷——"的一声,神仙出现了。

"事情我都知道了,再给你100枚金币,拿去用吧,我是神仙——"

"刷——"的一声,神仙不见了。回到家,樵夫还是没有告诉老伴,偷偷把钱藏到厨房里的旧陶罐里。次日,樵夫砍柴回家,心头一紧,老伴又准备了一桌好饭好菜!

"怎么又有好吃的?"

"我把厨房里的旧陶罐卖了,反正用不上。"

樵夫差点晕了过去,泪流满面地吃着菜。

"老头子,你怎么了?"

"很久没吃这么好的菜了,我激动……呜呜呜!"

他哪敢说啊,谁叫他背着老婆藏私房钱呢?又过了一天,樵夫在山上叹着气。"刷——"的一声,神仙来了。"唉……"这一次,神仙跟着樵夫一起叹起气来。这也难怪,本来想帮助一个砍柴的,结果让另一个收破烂的致富了,看来学雷锋也要讲究方式方法呀!

"这样吧,我送你一篮子蘑菇,你拿去卖了,再到集市上买一条最大的鱼。"神仙说道。

樵夫照神仙说的做了,因为只是带回一条鱼,他就不用藏着掖着,而是把鱼挂在窗户前,准备做风干鱼吃。晚上,这条鱼居然一闪一闪地发起光来,很耀眼。樵夫知道这一定是那位"雷锋"神仙施了什么法术,但不明白到底有何用意。

樵夫的挑战

第二天，全村的渔民都来到樵夫家门前，对他说："老伙计，你家那条会发光的鱼就像一座灯塔，我们太需要了，如果你每晚都能把它挂在窗前，我们就把每天捕鱼的收入分你一些作为答谢。"

"老头子，真是太好了，以后我们有钱'血拼'了！"老伴高兴得直拍手。

"钱再多你也不能当'月光族'！要懂得节省。"樵夫教训老伴说。

"我办不到……"老伴摇摇头。

"我出一道题考考你，你如果答不出来，就得接受我的劝告！"樵夫说。

海上的灯塔有什么用处？

A. 臭美，把大海装点得更漂亮；

B. 告诉船只该往哪儿行驶；

C. 照亮海面，让船员看得见路；

D. 让渔船看清海底哪里鱼多。

 "C！我选C！"老伴答道。

樵夫评判

回答错误!应该选 B。

灯塔是一种建立在船只航线附近的塔状发光建筑,为的是让船只根据灯塔的亮光,找到航行的方向。夜晚,茫茫大海往往是漆黑一片,伸手不见五指,令船员不知该往哪里行进。而且,海面又不像陆地那样能建起一排排路灯照明,所以,为了让船只不会在黑暗中迷路或发生危险,人们就建起了灯塔。

星星的亮光很微弱,但我们在黑夜中能很快发现它的存在。同样,灯塔的灯光并不是用来照亮海面的,而是因为这些灯光在黑夜中会非常容易被船只发现。特别是后来的灯塔发出的光亮都能有规律地一闪一闪,这样更容易被船员注意到。

根据灯光的颜色、亮度以及闪烁的频率,船员就能知道哪里有浅滩、暗礁,不要靠近;哪里是港口、海岸,可以开过去停靠;甚至还能在航海图上查到这是哪座灯塔,它的位置在哪里,从而知道船只身处何方。

所以,会发光的鱼挂在樵夫的窗前,渔民们在黑夜中看到亮光,就能知道那里是渔村的方向,再也不会迷路了。

老伴的承诺

老伴答错了,从此改掉了乱花钱的毛病。老两口每晚都会挂起会发光的鱼,用渔民们的报酬过上了安稳的生活。

秘密九：想拖欠工资？那就听段笛子独奏吧！

很久以前，有一个非常小气的地主要招聘牧童给他放羊，规定只要有一只羊不幸被灰太狼叼走，就要扣去全年工钱。可是，偏偏他家的羊又不太听话，喜羊羊、美羊羊、懒羊羊、沸羊羊……一只比一只有个性，非常难管理。所以，好几个牧童都因丢过羊而白干一场。

羊丢了，其实正中地主下怀。这样他可以一分钱不给就让人给自己放羊，多划算啊。

有一天，一个小孩来应聘牧童，他长得萌萌的、嫩嫩的，乳臭未干，应聘时表演的才艺是吹笛子。地主一看就高兴了："这倒霉孩子，准丢羊！"于是，就雇了这个小孩当牧童。

可是没想到，大半年过去了，地主每天清点羊数，发现羊总是一只也不少。眼看快到年底，要付牧童工钱了，这下可把地主急坏了。

"他怎么就一只羊也不丢呢？"地主很奇怪，决定去调查一下。

一天，牧童赶着羊群出门，地主披着一张羊皮躲在羊群中，想看看他是怎么放羊的。人扮成猩猩、猴子还勉强，想扮成一只羊不被发现，那还真得有点儿本事。可是，这位地主对自己太自信了。

牧童一眼就看出羊群中有一只是地主扮的，便假装没有发现，继续赶着羊群前行。

牧童一边放羊，一边吹起笛子，他吹奏的乐曲十分优美，居然羊群也喜欢听，每只羊都紧紧跟在他身边欣赏，没有一只掉队。

音乐是一种神奇的东西，它可以创造许多奇迹。牧童的笛声有一种魔力，可以让听者不由自主地随着旋律做各种事情。他吹第一首曲子，羊群一齐冲上山丘；吹第二首，羊群一齐趟过河流；吹第三首，羊群一齐蹦进泥塘打滚……

这下可苦了羊群中那位"装羊"的地主，他趴在地上，冲上山丘，趟过河流，蹦进泥塘打滚……羊群做啥，他也只有跟着做啥，累得筋疲力尽，浑身脏兮兮。

最后，牧童又换了一首曲子，羊群居然全都站起来跳起了舞蹈，地主也只好跟着跳。牧童的曲子越吹越急，羊群跳的舞也越来越劲爆，先开始还只是华尔兹，后来跳起了街舞，最后干脆"群魔乱舞"。这下可把地主害惨了，老胳膊老腿的哪经得起这般折腾，终于忍不住喊起来："停……停……不要吹了！"

"咦？老爷？您怎么待在羊群里？还披着羊皮？"牧童装出很惊讶的样子。

"我锻炼身体……"地主搪塞了一下，灰溜溜地走了。

牧童的挑战

回家后，地主把这件事告诉了地主婆。

"吹笛子能有这样神奇？"地主婆不相信。

地主婆把牧童叫来说："听说你笛子吹得很好，现在吹给我听听，我让你停你就停。"

"好！"牧童开始吹起笛子，地主婆本不想喊停，让牧童一直吹得累死，好整整他。没想到，地主婆和地主一听到曲子，就不由自主地跳起舞来，一直跳得浑身是汗，气喘吁吁，怎么也停不下来。

他们终于坚持不住了，喊道："停！快停下来。"

"我正吹到兴头上呢！不想停。"牧童说。

"呼呼……求你了，小爷爷，再这样跳下去会出人命的！"

"那好，我出道题，你们答对的话，我就不吹了。"

笛子为什么能吹出乐曲？

A. 笛子有魔力；

B. 笛子里面有金属弹片；

C. 其实是嘴巴发出的声音；

D. 笛子里面有空气。

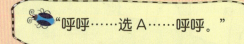

"呼呼……选A……呼呼。"

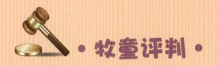 ·牧童评判·

你们回答错了。是因为笛子里面有空气。

声音是由于物体的振动而产生的。不管是固体、液体还是气体，激烈振动时都会发出声音。

我们看到笛子管里面是空的，其实，笛管里有一条看不见的空气柱。当它受到外力的冲击时，就会产生振动，发出声音。

一般来说，空气柱长度越短，振动频率就越高，发出的声音越高亢；长度越长，振动频率越低，发出的声音越低沉。

仔细观察，笛子上有许多小孔，其中一个孔叫吹孔，供嘴巴来吹起；其他孔叫作按孔，供手指来按住。

人的嘴唇向吹孔里吹出扁平的气流，就会冲击笛管内的空气柱，使它产生振动而发出声音。

吹笛子的人用手指按住或放开不同的按孔，就能调整笛管内空气柱的长短，吹出或高或低不同的音调，从而演奏出好听的音乐来。

后来的号、单簧管、双簧管、萨克斯、巴松等管乐，之所以能吹出音乐，都和笛子运用了类似的原理呢！

 ·牧童的惩罚·

虽然对方答错了，但牧童还是停止了吹笛。

地主和地主婆刚停下就趴在地上，累得站都站不起来。从此，他们再也不敢克扣雇工的工钱，生怕再一次跳舞。

读名著学常识

秘密十：有毒和没毒，差距咋就这么大哩？

古时候，亚历山大城是国际著名的大都市，商业发达，聚集了各种手艺人。

城里有一个理发师叫艾皮·苏尔，还有一个洗染师叫艾皮·格尔。他们两人是邻居，名字也很相似，但性格差别却特别大。

苏尔忠厚善良，做生意童叟无欺；格尔则狡猾奸诈，常把顾客送来染色的布料偷偷卖掉。后来，顾客们向法官投诉，查封了他的染布坊。没了收入的格尔只有整天挨饿，苏尔见他可怜，便收留了他。

格尔知道自己在这座城市已经臭名远扬，便整天怂恿苏尔一起到别的地方创业。苏尔听后心动了，两人一起离开了亚历山大城。

一路上，苏尔每天勤勤恳恳地给人理发，赚了点儿生活费。格尔却啥也不做，到苏尔那里混吃混喝。苏尔没和他计较，乐呵呵地把自己的东西拿出来和格尔分享。

终于有一天，苏尔因为劳累病倒了，格尔见苏尔病得没力气挣钱，不但不帮忙，反而趁机把苏尔的钱偷走，

抛下他一个人溜了。

唉，苏尔和格尔，同样有个"尔"，做人的差距咋就这么大哩？

格尔来到了一座小城邦，发现这里的人们只穿蓝、白两种颜色的衣服——因为他们不知道如何染其他颜色的布。格尔抓住机会，带着自己洗染的各色布匹去求见城里的国王，果真得到了国王欢心，国王赏了他一大笔钱。

苏尔病好后，一路乞讨流浪，也来到了这座城邦。他先去向格尔求助，结果被格尔打了一顿赶走了。后来，苏尔发现，城邦的人整天蓬头垢面，身上臭烘烘——原来，这里竟然连一家洗澡堂都没有。于是，苏尔也去求见国王，向他宣传了一大通洗澡的好处。国王让苏尔建了一座洗澡堂，亲身体验了一下，觉得舒服极了，心情一好，也把苏尔重赏了一番，封他为御用搓澡师。

唉，亚历山大和这座城邦，同样是城市，生活的差距咋就这么大哩？

格尔发现苏尔得到了国王的器重，极其"羡慕嫉妒恨"，便去找苏尔，给了他一瓶砒霜和石灰制成的毒药，骗他说："用这瓶药给国王搓澡，绝对让他爽歪歪！"苏尔没有记仇，反而相信了格尔，真的准备用这瓶药给国王搓澡。

格尔见苏尔上当，连夜跑去向国王诬告，说苏尔想用砒霜毒害他。国王很生气，后果很严重，他派人把苏尔绑起来，装进麻袋里送到一艘船上，准备把苏尔扔进海里淹死。

国王的挑战

没想到，那艘船的船长是苏尔理发的老顾客，知道他的为人。船长偷偷将苏尔从麻袋里放出来，换了一堆石头装进去。行刑那天，国王挥手下令将麻袋扔进海里，一不小心把手上的戒指也甩进了海中。这戒指可不得了，是国王统帅军队的令牌，没有它，国王一兵一卒也调不动。

后来，侥幸逃生的苏尔在海边捕鱼，居然从一条鱼的肚子里找到了这枚戒指。他把戒指还给了国王，国王十分感激，并下令调查毒药搓澡事件的真相，才发现是格尔搞的鬼。

国王再一次震怒了，将格尔抓起来，要重重惩罚他。格尔又是下跪又是磕头，央求国王留他一命。

"好，我出一道题，如果你答对了，就饶你不死！"国王说。

"好！好！"格尔连忙答应。

下面哪种东西是有毒的？

A. 氯化钠；

B. 碳酸钙；

C. 三氧化二砷；

D. 二氧化碳。

"什么'二'啊'三'啊'绿'啊'痒'啊？我只有瞎猜了，选D！"格尔说。

国王评判

你死定了，应该选C。

氯化钠是食盐的主要成分，碳酸钙是大理石的主要成分，它们显然没有毒。

二氧化碳是一种无色无味的气体，大约占空气体积的万分之三。动植物在呼吸时，吸入的是氧气，呼出的就是二氧化碳。燃烧煤、石油等化石燃料，也会产生二氧化碳。有时候，有人因二氧化碳而死亡，并不是因为它有毒，而是二氧化碳不能供人呼吸，一定空间内所占的比重大了，就会令人窒息。而且，二氧化碳中常夹杂有一氧化碳气体，这种气体是有毒的，它才是致人死亡的真凶。

三氧化二砷是一种没有气味的白色粉末，它就是你骗苏尔用来给国王洗澡的砒霜。它可以用来让玻璃制品更透光，让皮革更易于保藏，还能除锈、杀虫，是一种化工原料。但是，三氧化二砷具有剧毒，无论是鼻子吸入，嘴巴食入，还是接触皮肤、眼睛，都会对人体产生巨大危害，威胁人的生命和健康，所以人们要远离它。

国王的惩罚

格尔答错了，国王令人将他绑起来，装进麻袋，扔到海里淹死了。苏尔带着国王赏赐的金银珠宝，坐着船回到了亚历山大城。他在岸边无意中发现了装着格尔的麻袋，原来是海浪把他也送回了这里。于是，苏尔安葬了格尔，回到城中过上了衣食无忧的幸福生活。唉，一个坐着船，一个坐着麻袋，同样是回到故乡，最后结局的差距咋就这么大哩？

阿里巴巴也不知道的小秘密

秘密十一：抢着认罪，京城里有这等怪事？

这个故事发生在中国。

古代，京城长安是世界上最繁华的城市，不同国家、不同信仰的人都来这里生活、居住。

一天，长安城里有一个裁缝出门游玩，路上遇到了一个矮子。矮子会讲很多笑话，逗得裁缝哈哈直笑。裁缝一高兴，就邀请矮子到他家吃饭，两人一边吃菜，一边谈笑。

小时候老人就教育我们：吃饭时不要讲话，小心噎着。这不，出事了！

裁缝塞了一块鱼肉给矮子吃，矮子正在说话，被鱼骨头卡到喉咙，"嗷嗷"哼了几下，趴在桌上，没气了……这下把裁缝吓坏了："好端端一个大活人来咱家死了，这跳进黄河也洗不清啊！"

裁缝用毛毯盖住矮子，把他背到街上，为了不让人怀疑，一边走还一边念："儿子，没事，马上带你看医生！"

裁缝背着矮子来到了一个犹太人医生的住处，把他放到楼梯上坐着，然后喊了一声："救命啊！"就跑不见了。

接着，连锁反应开始了……

医生正在二楼，听到有人喊救命，匆忙往楼下跑，一不小心踢到了矮子。矮子像一个球似的从楼梯上翻滚下来，躺在地上。

医生发现矮子没有气，顿时两眼一黑："摩西啊！我把病人踢下楼摔死啦！"摩西是犹太教中的圣人。

医生很心虚，把矮子偷偷扔进了隔壁邻居家的院子里。

隔壁住的是一个阿拉伯厨师，他家厨房的肉经常被偷。厨师发现了矮子，以为是贼，拿起棒子就打。矮子一动不动，厨师一看慌了神："真主啊！我把贼打死了。"

厨师害怕极了，悄悄将矮子搬到对面邻居家门前。

对面住的是个欧洲商人。夜里，商人喝醉了回家，刚准备开门，猛然发现身旁有个黑影，以为是打劫的强盗。惊慌之中，商人向黑影打了一拳，不用说，黑影正是倒霉的矮子！"上帝呀！我把人打死了！"商人莫名其妙地看着自己的拳头。

这时，巡捕来了，商人有口难辩，被抓进衙门，判了死罪，第二天就杀头。

第二天，刑场挤满了不明真相的群众。行刑官庄严地下令："时辰已到，开刀问斩！"。

接着，又一串连锁反应开始了……

行刑官的挑战

"刀下留人！向真主保证，杀人凶手是我！"一个声音从人群中传来。原来，阿拉伯厨师觉得商人很可怜，突然良心发现，赶到刑场自首。他一五一十地将棒打矮子的经过交代了一遍。

"原来如此，来人呀，放了商人，把厨师斩了！"行刑官下达了命令。

"刀下留人！向摩西承诺，这人是无罪的！"犹太医生从人群中冒了出来，一五一十地将脚踢矮子的经过交代了一遍。

"有完没完？放了厨师，把医生绑起来斩了！"行刑官有点不爽。

"刀下留人！菩萨说'我不下地狱，谁下地狱？'人是我害死的！"裁缝又出现了，一五一十地交代了噎死矮子的经过。

"你们在把我当猴耍吗？"行刑官要疯了，"一会儿要我斩这个，一会儿要我斩那个，我不会相信你的，除非你能答出我的问题！"

"真的是我噎死的，你出题吧！"裁缝说。

听好了，下面的中国古代王朝中，哪个朝代的京城不是长安？

A. 周朝；

B. 汉朝；

C. 唐朝；

D. 元朝。

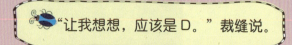
"让我想想，应该是D。"裁缝说。

行刑官评判

不错,你答对了,我可以相信你。长安位于中国陕西省西安市和咸阳市附近,历史上先后有十七个王朝或政权在此建都,它作为都城的时间总共有1200多年之久,是中国历史上建都朝代最多、影响力最大的都城。

三千多年前,周朝的周文王和周武王就在此建立了都城,当时的名字叫作镐京。两千多年前,汉高祖刘邦建立汉朝,他听取谋士张良的建议,将首都定在土地肥沃、易守难攻的长安地区,并首次将其命名为长安城。一千多年前的唐朝,长安发展成了当时世界上规模最大、最为繁华的国际都市,全城面积约84平方千米,是古代罗马城的7倍。并且,长安城是世界历史上第一个达到百万人口的大城市,其中还生活着来自世界各地的外国商人、使者、留学生共3万多人,和雅典、罗马、开罗并称为世界四大古都。

元朝的时候,京城不是长安而是大都,它是现代北京的前身。虽然大都也是国际著名的城市,但是它的规模一直没有超过唐代的长安。

行刑官的承诺

行刑官相信了裁缝的话,命人将他绑起来杀头。"奉天承运,皇帝诏曰:刀下留人!"人群中又闪出了皇宫里传旨的太监。原来,矮子竟是一个宫里专逗皇帝开心的戏子,而且矮子并没有死,只是被鱼骨头卡昏了,经过治疗,矮子醒了。为了表彰裁缝、医生、厨师三人的诚实,皇帝重赏了他们,让他们各自回家了。

阿里巴巴也不知道的小秘密

秘密十二：送黄瓜赏千金？天上真会掉馅饼？

有一位年轻的国王，一天，他率领几个随从进山打猎，玩着玩着口渴了，便吩咐："来人啊，把水壶拿来，我要喝水！"

"陛下，我们忘带水壶了！"随从低着头答。

国王没办法，只好继续前行。走了很久，他的喉咙都快冒烟了，正巧前方来了三个拎着水桶的村姑。国王连忙叫住她们，痛痛快快地把水喝了个够。

"你们解了国王的渴，来人啊，重重有赏！"国王说。

"回陛下，我们忘带钱了……"随从低着头答。

唉，这些随从啊，太不把国王当干部了！

"好歹我也是个国王，总不能让村姑说我小气吧？"国王没办法，急得一头汗，突然，他想起自己打猎的箭是用黄金做的箭头，连忙拔下箭头赏给了村姑。

喝了口水就奖赏黄金，从此，国王慷慨豪爽的美名传开了，百姓们天天盼着有机会给国王送点什么吃吃喝喝。

又一天，国王进山打猎，这次他不想带随从了，而是微服出行。

路上，国王遇到一个农夫拎着几根黄瓜正往王宫的方向走，便好奇地问："你这是去哪里？做啥呀？"

阿里巴巴也不知道的小秘密

"你不知道吗？如今的国王慷慨大方，喝水就赏黄金，我要去王宫把这几根黄瓜送给他尝尝鲜，请他赏我1000枚金币好买一座庄园。"农夫答。

"几根黄瓜换1000枚金币，真亏他想得出来。"国王心里暗笑，打算逗逗农夫。

"如果国王认为1000枚金币赏得太多了呢？"国王问。

"那我就减半，要500枚买幢海景别墅。"农夫答。

"500枚也觉得多了呢？"

"那我要300枚，买辆豪华马车。"

"300枚还是嫌多了呢？"

"200枚也行，添置一套家具。"

"200枚仍然觉得多了呢？"

"那要100枚，买几头牛羊。"

"100枚依然多了！"

"50枚，换几件新衣服。"

"50枚都没有。"

"30枚，买几袋好种子。"

"你还是回去吧，30枚金币国王也不会给你的。"

"那我啥也不要了，白送他好了。不过，国王可不会这么小气。"农夫自信地回答。

国王哈哈大笑，告别农夫，扬鞭策马赶回了王宫。他换上王袍，坐在宝座上，摆了个很酷的Pose等着农夫来。

读名著学常识

国王的挑战

"陛下，这几根脆黄瓜请您尝尝。"农夫来了，恭敬地献上黄瓜，不敢抬头看国王。"好吃！你想要什么奖赏？""就赏1000枚金币吧。"

"太多了，我又不是摇钱树。""那减半，500枚。"

"最近国库紧张哪！""300枚。"

"前些天宫殿大修，花了不少钱。""200枚行不？"

"国王也要懂得勤俭哟！""100枚不算多吧？"

"王后管得严哪，我身上带的钱不许超过三位数。""50枚呢？"

"哎呀，我今天正好没带这么多……""30枚总该有吧？"

"30枚给你了，今天我就没钱用了。""唉，都说国王慷慨，结果连30枚金币也不肯赏，真是名不副实啊！和我在半路上遇到的那个家伙说的一模一样。"农夫长叹一口气。国王忍不住哈哈大笑起来，农夫抬头一看，才知道半路遇到的那人就是国王。"陛下恕罪呀！我什么都不要了……"农夫吓得连忙鞠躬。国王笑着说："别害怕。我会赏赐你的，只要你答对我的这道题。听好了——"

黄金为何很值钱？

A. 因为它最硬；

B. 因为它最漂亮；

C. 因为它很稀有；

D. 这是祖先的规定。

 "我想是选C。"农夫回答。

阿里巴巴也不知道的小秘密

恭喜你，回答正确！

黄金是一种非常稀有的金属。根据科学家们的测量估算，地球上黄金的总储量大约为48亿吨。

别看这个数字很庞大，告诉你吧，这48亿吨中，有47亿吨的黄金分布在地核内，有8600多万吨分布在地幔中。

不要相信《地心游记》，那只是幻想小说。地核距地表的距离有6000多千米，地幔也处于3000多千米深的地下，那些地方温度高达几千摄氏度。到2012年，人类最深的钻井也只到达地下10千米左右。所以，这些黄金根本不可能采到。

能够开采的黄金，只有分布在地壳的不足1亿吨。而这个数字只是地壳中铁含量的一千万分之一，银含量的二十一分之一。所以，黄金就物以稀为贵了。

同时，黄金具有赏心悦目的光泽，且化学性质稳定，不像铜铁容易生锈。千百年过去，黄金依旧能保持美丽的外表，非常适于保存。因此，自古以来人们把黄金作为铸造钱币的重要材料，它的价值就不言而喻了。

农夫答对了，国王要重赏他。怎么个赏法？把1000、500、300、200、100、50、30各种数额的金币各赏一份！

最后农夫一共得到了多少枚金币？你自己算去吧，反正他的手已经抽筋了！

秘密十三：擦亮双眼，想当王族不容易！

有一个王子，他的爸爸是国王；他的叔叔是另一个国家的国王；他叔叔的儿子也就是他堂哥，是叔叔国家的王子。一大家子全是王族，要多威风有多威风！

一次，王子到他叔叔的国家做客，痛痛快快地玩了几天。临别时，堂兄找到王子，说有一件事情想请他帮忙，王子答应了。

堂兄把王子领到郊外的一座古墓旁，那里有一位漂亮的姑娘正等着他们。堂兄用铲子挖开古墓，三人一起走了进去。王子好奇地参观了一下，古墓里面有大厅，有卧室，还有一张大床，旁边放着许多粮食和生活用品。

"我们就在这里住下了，你出去后帮我把古墓封起来，请不要向任何人提起这件事，包括我的父王。"堂兄对王子说。

王子点点头，按堂兄说的做了，当他用铲子封闭古墓时，听到堂兄和那个姑娘正在里面一起唱歌：

"你是风儿，我是沙，缠缠绵绵住地下……"

回去的路上，王子越想越奇怪：好好的宫殿不住，堂兄干吗要住古墓里？难道他看过杨过和小龙女的故事？想着想着，王子回到自己的王国。可是，当他刚跨过边境，就被自己王国的士兵抓了起来。

原来，出大事啦！王子国家的宰相发动了兵变，杀掉了王子的爸爸，自封为王。

王子被押到宰相面前，宰相是个独眼龙，一见到王子就兴奋得唱起歌来："都是你的错，轻易伤害我，让我堂堂一个宰相只有一只眼……"

原来，王子小时候很调皮，一次他站在王宫阳台上用弹弓打鸟，鸟没打着，却不小心射瞎了楼下宰相的一只眼。宰相恨死了王子，但因害怕国王，只有忍气吞声。这些年来，他一直在等待机会报仇，今天终于可以出这口恶气了。

于是，宰相把王子折磨得死去活来，也打瞎了他的一只眼睛。

最后，宰相命令近卫军队长把王子带到郊外杀掉。

幸运的是，队长曾是国王的亲信，和王子也很熟。来到郊外后，队长偷偷把王子放了。王子哭着喊着一个人逃到了叔叔的国家。

读名著学常识

队长的挑战

王子找到叔叔时，叔叔正四处搜寻儿子的下落，听说了王子的遭遇，他连忙嘘寒问暖。

王子十分感激，便把堂兄的事告诉了叔叔，并把他带到古墓那里。

两人挖开古墓进去一看，一下子惊呆了：堂兄和姑娘躺在床上，已经死了……叔叔痛苦万分，但又悲愤地骂道："你这个不成器的东西，不听我的劝告，要女人不要江山！"

原来，堂兄和姑娘相爱，但因姑娘是平民，遭到叔叔的反对，他们只有躲进古墓殉情了。

叔叔和王子伤心地走出古墓，结果又出大事啦！宰相派兵攻占了叔叔的国家，叔叔落荒而逃，混乱中，王子又被那个队长捉住了。

"这次我不能再随便放你了，除非你答对我的问题……"队长对王子说。

人为什么要长两只眼睛？

A. 好判断远近；

B. 好判断大小；

C. 一只看左边一只看右边；

D. 一只看上面一只看下面。

"我瞎了一只眼，所以体会最深，选A。"王子说。

队长评判

阿里巴巴也不知道的小秘密

嗯，不错，你拯救了自己！

人用两只眼睛可以轻松地分清物体的远近，而用一只眼就很困难。

因为，两只眼睛中间是有距离的，成年人的两只眼睛相隔大约6.5厘米。当人用两只眼睛看一个远处物体时，两眼的两条视线必定不会平行，而是最终相交到一起，视线的交叉点就是那个物体。

这时，两条视线就形成了一个夹角。当物体离眼睛较远时，视线夹角的角度就比较小，两只眼球为了把视线停留在物体上，偏转的角度也比较小；当物体离眼睛较近时，夹角的角度就比较大，两只眼球偏转的角度也较大。当然，如果物体就在眼睛跟前，眼球偏转的角度特别大，最后形成了"斗鸡眼"。

在观察物体时，人的大脑可以根据两只眼球偏转角度的大小，感知目标物体的远近程度，最后判断出哪些物体远，哪些物体近，让人的视野有一种立体空间感。而如果人只有一只眼，判断远近就会很吃力。

队长的承诺

王子答对了，队长再一次放了他。

王子开始流浪，最后，他来到了巴格达，放弃了王族身份，成为一名僧侣并隐居起来，从此消失在茫茫人海中。

秘密十四：嘿嘿！沙漠中传来了一声冷笑

从前，有两个好朋友，一个叫穆辛，一个叫穆萨。他们相约一起到埃及的开罗找工作。

开罗是著名的历史古城，我们熟知的金字塔就在那里。同时，开罗还被称为"沙漠之都"，因为它的东、南、西三面全是沙漠。

前途是光明的，道路是曲折的。穆辛和穆萨要去开罗，就必须穿过大沙漠。为此，他们上路时各自带了许多干粮和水。

走了很久，两人累了，便找个阴凉处坐下来吃饭。穆萨对穆辛说："唉，走沙漠真辛苦，还得背着重重的干粮和水。你这么瘦小，背起来一定很吃力吧？不如这样，我们先吃你带的食物，吃完后，再吃我带的。这样你就可以早点儿减轻身上的负担了。"

"行，谢谢关心！"穆辛觉得主意不错，便同意了。

从此，每到吃饭时，穆辛就毫不犹豫地把食物和水递给穆萨，身上的东西很快轻了下来。

终于有一天，穆辛的食物都吃完了，他对穆萨说："我已经没吃的了，以后就吃你带的吧！"

"可以，但是你要天天给我背行李，我就每天给你吃半块饼，喝一口水。"穆萨说。

"不是说好了吃完我的再吃你的吗？"

"嘿嘿！我没说不给你吃啊，只是我累死累活背了这么多天干粮，总不能白给你吧！"穆萨冷笑一声。

穆辛这才知道上当了，但他没法子，只有忍气吞声，给穆萨做牛做马地背行李，换取少得可怜的半块饼和一口水。

就这样，两人又走了几天，穆萨一身轻松，穆辛则饥肠辘辘，劳累过度，终于害了病，眼睛也病瞎了，什么都看不见。

一天，穆萨在沙漠中看到一口枯井，顿时心生歹念，他把瞎了的穆辛带到井前，突然大喊："哇！前面有条小河，快去喝水啊！"

饥渴难耐的穆辛一听，连忙踉踉跄跄地向前跑，结果一脚踏空，掉到井中昏死过去。

"终于甩掉了这个拖油瓶！"穆萨笑着继续赶路去了。

掉进井里的穆辛醒来，叫天天不应，叫地地不灵，只有坐在井里等死。一天夜晚，他在昏睡中隐约听到井外传来谈话声……

读名著学常识

谈话的好像是两个声音……

"你去哪里？""去开罗，把病人的眼睛弄瞎！"

"哈哈，人类真是愚蠢，其实，眼瞎了只要在眼睛上盖片树叶就可以复明……"

穆辛本想喊救命，但觉得这声音有些古怪，一直都没敢作声。

天亮后，一支商队路过枯井边，发现了穆辛并救了他。大难不死的穆辛随商队来到开罗，他试着把树叶盖在眼睛上，果然又能看见了。后来，他开了一家盲人诊所，用这种方法让许多瞎子重见光明，成了有名的神医。

穆萨也到了开罗，听说穆辛还活着，而且学会了神奇的医术，他十分奇怪："那枯井一定有神仙，教了他特异功能！"于是，穆萨回到枯井去等神仙。晚上，两个声音又出现了，魔鬼很快抓住了穆萨。"好啊，怪不得最近开罗有很多瞎子复明了。原来是你偷听了我们的谈话！"魔鬼怒吼。

"不是我，是另一个人偷听的！"穆萨连忙解释。

"先答对我的问题，我再考虑相不相信你！你听好了……"魔鬼说。

世界上为什么会有沙漠？

A．人类砍树太多；

B．太阳光太强；

C．因为干旱；

D．因为太热。

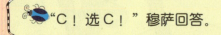

"C！选C！"穆萨回答。

60

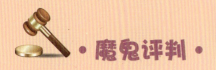

·魔鬼评判·

小子，不错啊，你答对了！

沙漠的形成，主要是因为这些地区长期处于干旱状态。很早的时候，由于种种原因，一些地区的降雨量非常少，一年之中基本不会下雨，气候干旱。时间一长，绝大部分的植物枯死了，有湖有河的地方，湖水、河水得不到补充，也慢慢地被蒸发了。最后，光秃秃的泥土就完全暴露在空气中。

接着，风不断地吹刮泥土，经过很长时间，泥土慢慢被吹走，露出了岩石。然后，风又不断吹刮岩石，把岩石削成了无数细小的沙砾，这叫作风化。最后，沙砾被风卷起，落到某些区域堆积下来，形成了一望无际的沙漠。

而人类砍伐森林会减少地表植被，加速沙漠的形成，但不是形成沙漠的主因。

沙漠的阳光是很强烈，天气也很热，但到了晚上，太阳没有了，沙漠的气温会降得很低。所以，这也不是形成沙漠的主要原因。

·魔鬼的惩罚·

"你可以相信我了吧？"穆萨问。"不相信。"魔鬼说道。

"可我答对题了啊！"穆萨急了。"嘿嘿！我没说过答对了就相信你啊！正因为你答对了，说明你对沙漠很熟悉，一定经常来这里偷听我们谈话！"魔鬼冷笑一声，那表情和穆萨骗穆辛时的一模一样。

穆萨傻了……于是，魔鬼把穆萨扔进枯井里，从此他再也没有出来。

秘密十五：原来，阿拉伯也有个"白蛇传"

有个年轻人叫哈曼丁，他的爸爸是一位知识渊博的大学者，可是死得早，没有教给哈曼丁任何文化，只给儿子留下了五页写满字的纸。哈曼丁不识字，看不懂纸上写的是什么，只会每天上山砍柴。

一天，哈曼丁上山砍柴，不小心掉进了一个大洞里，洞里住着一位蛇女王，她的上半身是美女，下半身是蛇，所有的蛇类都听她的命令。

蛇女王没有伤害哈曼丁，还热情地款待了他，两人快快乐乐地过了一段时间，逐渐有了感情。可是日子一久，哈曼丁想念家中老母，向蛇女王提出要回去。

"亲爱的，你不能回去，因为你回家后一旦洗澡，就会要了我的命！"蛇女王用了一个"无厘头"的理由挽留哈曼丁。

"放心吧，我发誓，为了你我这一辈子都不洗澡。"哈曼丁用一个更加"无厘头"的誓言婉拒了蛇女王。

蛇女王没办法，依依不舍地让哈曼丁走

了。

后来的事实证明,这个誓言太毒了……

回到家后,哈曼丁坚持不洗澡,几个月过去了,他的身上臭气熏天,走在街上人见人躲。终于有一天,邻居们忍受不了,强行把他抬进澡堂洗了个澡。

果然,厄运降临了,宰相带兵把哈曼丁抓进了王宫。

原来,国王得了一种怪病,昏迷不醒。宰相是个厉害的魔法师,他从魔法书中得知,国王的病只有吃蛇女王的肉才能治好,而接触过她的人洗澡后肚皮会发黑。于是,宰相想了个很变态的办法,派人偷窥所有的洗澡堂,一发现这样的人就抓起来。

宰相一会儿严刑拷打哈曼丁,把他折磨得死去活来;一会儿又装善良,骗他说不会伤害蛇女王,只是向她求药。哈曼丁经不住软硬兼施,被迫把宰相带到了蛇女王的洞边。宰相施了个法术,把蛇女王抓住了。

"你忘记誓言了吗?"蛇女王含泪怒斥哈曼丁。

"对不起,我也没办法……"哈曼丁给蛇女王看了看自己身上的伤痕。

"唉,这也许是命中注定。"蛇女王摇摇头,她凑到哈曼丁耳边,悄悄说,"等会儿,他们把我煮成汤,第一碗汤你千万别喝,第二碗才能喝,我的肉你拿去给国王吃,切记!切记……"

读名著学常识

国王的挑战

宰相杀害了蛇女王，把她放进大锅里煮成汤，他盛满第一碗汤，假惺惺地端来对哈曼丁说："这几天委屈你了，让你受了些皮肉之苦，蛇女王的汤是疗伤神药，你喝了吧。"接着，宰相去盛了第二碗汤，小心地放好，准备自己享用。

哈曼丁按照蛇女王的嘱咐，趁宰相不注意，把自己手中的第一碗汤和第二碗调换了位置。宰相喝了第一碗汤，立刻口吐白沫，倒地死了。原来，第一碗汤是毒药。

那么第二碗汤是什么呢？哈曼丁喝了它，突然觉得自己的头脑变聪明了，反应变灵活了，知识变丰富了……天文地理、古今中外，无所不知无所不晓，当然，字也会认了。原来，第二碗汤是"脑黄金"！

最后，哈曼丁把蛇女王的肉喂给国王吃，国王很快醒了过来，病好了！

"年轻人，谢谢你救了我。我要奖赏你，请你回答我一个问题，如果答对，我就封你为宰相。"国王说。

"你出题吧。"哈曼丁回答。

蛇的舌头有什么作用？

A. 用来看东西；

B. 用来闻气味；

C. 用来尝味道；

D. 用来听声音。

"唔……选B。"哈曼丁略加思索后回答。

你的知识很渊博,答对了!

绝大部分的蛇都有一条鲜红分叉的舌头,这条舌头就像它的鼻子,是用来闻气味的,从而让蛇获得外界的各种信息,所以蛇的舌头又叫"蛇信子"。

蛇的眼睛、耳朵都退化得很厉害,几乎是瞎子加聋子,所以它们探路时全靠不停地吐舌头。

首先,蛇将又细又长的舌头快速地从嘴巴中吐出,将空气中细微的气味粒子沾到舌头上;然后把舌头缩回嘴里,那里有一对叫助鼻器的器官,可以对舌头上沾到的气味粒子进行全面分析,最后把分析的情报传到大脑中,让蛇知道附近有些什么东西。

我们看到蛇的舌尖通常是分叉的,这是因为左右分叉可以帮助蛇判断气味来源的方向,就像人的左耳和右耳一样。如果剪去蛇的舌尖分叉,蛇就找不到气味方向,只能原地打转。

另外,蛇的舌头上没有味蕾,无法分辨酸甜苦辣。所以,蛇吃东西是尝不出味道的。

哈曼丁答对了,被国王任命为宰相,他凭借喝了那碗"脑黄金"所获得的智慧,将国家治理得繁荣富强,让百姓安居乐业。

有一天回家,哈曼丁偶然翻出父亲留下的那五页纸,仔细地读了起来,发现纸上文字所记载的,居然就是自己和蛇女王之间发生的故事。他感慨万千,把这五页纸珍藏起来,每当思念蛇女王时就拿出来读一读,从此留下了阿拉伯版的"白蛇传"。

秘密十六：哇！这油灯原来是"哆啦Ａ梦"

中国西北部住着一个年轻人叫阿拉丁，他和母亲相依为命，家里穷得叮当响。一天，一个从非洲来的陌生人找到他，自称是他的伯父，要带"侄子"出去闯江湖，还送了一大堆礼物，阿拉丁的母亲眉开眼笑地同意了。

非洲人把阿拉丁带到山谷中的一个地洞边，交给他一枚戒指，说："你跳进洞去帮我找一盏油灯，遇到困难戒指能帮你。"

很快，阿拉丁找到了油灯，但是他发现地洞太深，自己爬不出去。

"伯父，拉我出去！"阿拉丁喊道。

"先把油灯给我扔上来。"非洲人说。

"先拉我……"

"先给灯……"

最后，两人谁也不听谁的，阿拉丁揣着油灯就是不肯给，非洲人发怒了，封住地洞口自己走了，油灯也气得不要了。

阿拉丁在地洞里哭天喊地，擦眼泪时无意中擦到了

非洲人给的那枚戒指,奇迹发生了……

一个魔神从戒指里钻出来,见到阿拉丁就喊"主人"。原来,这是一枚魔戒,谁擦拭它,戒指里的魔神就听谁的命令。魔神告诉阿拉丁,那个非洲人其实是个魔法师,他从魔法书中得知,遥远的东方埋藏有一盏万能的神灯,但只有阿拉丁才能拿到,所以他谎称是阿拉丁的伯父,骗其去取灯。

"原来如此,既然你是魔神,能帮我逃出地洞吗?"阿拉丁问。

"当然。"魔神变了个法术,让阿拉丁瞬间回到了家中。

回家后,阿拉丁把神灯研究了半天,愣是没找到灯神在哪里,连个使用说明都没有。他没好气地把灯上的泥土擦了擦,奇迹又发生了……

一个灯神从神灯里钻出来,见到阿拉丁就喊"主人"。原来神灯和魔戒同属一个系列的产品,使用方法都一样,只不过神灯是豪华版的,它的能力比魔戒大得多,可以实现主人的任何愿望!

一天之内捡了两个"哆啦A梦",阿拉丁别提多高兴了。他立刻命令灯神变出无数金银财宝,成为全国最有钱的富翁。后来,连国王都来和阿拉丁套近乎,把聪明漂亮的公主嫁给了他。阿拉丁让灯神变出了一座华丽的宫殿,和公主幸福地住在里面。

读名著学常识

· 公主的挑战 ·

魔法师听说阿拉丁没死,还成了富翁、当了驸马,料定是有灯神帮助。他又气又恨,决定把神灯抢过来。

于是,魔法师换了一套推销员的工作服,打着"灯具限时以旧换新"的宣传标语,趁阿拉丁不在,来到宫殿前吆喝。公主并不知道神灯有魔力,连忙把破旧的神灯拿出来,找魔法师换了一盏普通的新灯。

魔法师得到神灯后,立刻命令灯神将公主和宫殿一起搬到了非洲,并把宫殿据为己有,天天来纠缠公主,威胁公主嫁给他,但是公主一直没有同意。阿拉丁发现公主和宫殿不见了,立刻找出戒指,唤出魔神,要魔神把自己带到公主面前。两人相见后商量了半天,终于想出了一条夺回神灯的妙计。

一天,魔法师又来找公主逼婚,公主态度一百八十度大转弯,笑着说:"你的诚意打动了我,现在给你一次机会,你若答对我的问题,就喝了这杯定亲酒,咱们从此成为夫妻。"

"没有难得住我的问题,说吧!"

为什么油灯都有一根灯芯?

A. 那是油灯的装饰;

B. 为了点燃后不冒黑烟;

C. 为了能点燃油灯;

D. 为了省油。

 "选 C!"魔法师说。

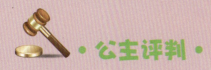

阿里巴巴也不知道的小秘密

你答对了！仔细观察油灯，你会发现有一根布料做成的灯芯浸泡在油里。

点灯时，必须用火去烧灯芯才能点燃油灯，如果用火直接去烧油面则不行，其中的原因还得从燃烧现象讲起……

如果想让物体燃烧，就必须满足两个条件：一是温度达到或超过物体的着火点；二是火焰要接触到足够的氧气。

另外，火焰一般从里到外、从下到上分为焰心、内焰和外焰三个部分，其中焰心的温度最低，外焰的温度最高。油灯一般是用煤油、蜡烛油、松香油、蓖麻油等当燃料，这些油的着火点比较高，点火时要用温度最高的外焰去接触才容易达到着火点。

如果直接用火去烧油灯的油面，不但很难让外焰接触到油面，而且火焰也不易与空气中的氧气充分接触，所以无法将灯点燃。

而将灯芯浸泡在油中，油就会浸入灯芯，顺着灯芯"爬上"油面，从而增加了与空气接触的面积，让火焰能得到充足的氧气。同时，点火时外焰更容易接触到灯芯，所以能将灯点燃。蜡烛有一根芯，也是同样的道理。

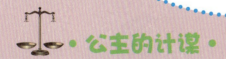

魔法师答对了，满心欢喜地喝下了公主端来的定亲酒。没想到，酒刚喝完，他就迷迷糊糊地睡着了。原来，酒里被公主下了蒙汗药。

藏在墙后的阿拉丁走出来，抓住了魔法师，并从他身上找到了神灯，命令灯神将宫殿搬回了原来的地方。后来，阿拉丁和公主用神灯为老百姓做了很多好事，可是他们却把魔戒遗忘在了非洲，从而引发了后面的故事……

秘密十七：幸亏魔戒归来，才有这样的大团圆！

这个故事是阿拉丁故事的续集，名叫《魔戒归来》。话说阿拉丁夺回了神灯，弄丢了魔戒，此后过了几百年……

埃及，有一个修鞋匠名叫马尔鲁夫，他温和、善良，但他的老婆却是个"野蛮女友"，不但好吃懒做，还经常向老公索要名牌礼物，一不如愿就打得老公鼻青脸肿，最后将家产挥霍一空。

"忍无可忍，无须再忍。"马尔鲁夫终于受不了老婆的欺凌，背上行李远走他乡，来到了一座繁华的城市。

刚进城，马尔鲁夫就遇到了老朋友阿里，阿里是个富商，还当了商会会长。听马尔鲁夫讲述了自己的经历后，阿里十分同情他，送给他一千枚金币安家。

远离了老婆的压迫，又得到贵人相助，马尔鲁夫心情舒畅极了，正巧一个乞丐走来乞讨，他一高兴，随手抓了一大把金币塞给乞丐。

阿里巴巴也不知道的小秘密

"大家快来呀,财神爷下凡啦!"路边其他乞丐看到这一幕,将马尔鲁夫团团围住。马尔鲁夫也不吝啬,一下子就把一千枚金币全送给了乞丐。

刚有了点儿钱,立马又变成穷光蛋,马尔鲁夫并没后悔,反倒树立了"解放全世界穷人"的伟大理想。怎样实现理想呢?就靠吹牛吧!

马尔鲁夫找各家商户借钱,吹牛说:"我正在做一笔大买卖,以后加倍奉还!"商户们听说他的朋友是商会会长,都毫不怀疑地借钱给他。于是,马尔鲁夫把借到的六万金币一夜之间全送给了穷人。

国王和宰相也被惊动了,前来探听虚实,马尔鲁夫对国王又是一顿胡吹:"你宫殿里最贵的宝石,拿到我家只够当垫脚的!"

"马尔鲁夫是比尔·盖茨、李嘉诚级别的人物!鉴定完毕。"国王兴奋不已,不但把国库的钱全借给他,还把公主嫁给了他。很快,马尔鲁夫又将国库的钱全部拿去救济了穷人。

日子一天天过去,国王和商户们见马尔鲁夫还没还钱,终于起了疑心,让公主找他催债。马尔鲁夫将真相告诉了公主,幸亏公主也是个心地善良的人,她帮助马尔鲁夫逃出了城。

唉,这牛吹得太大,该如何收场呀?

读名著学常识

公主的挑战

一天，马尔鲁夫在野外帮人锄地，突然挖出了一枚戒指，他捡起来擦擦泥土……一个魔神出现了，问道："主人，您有什么愿望？"没错！它就是阿拉丁弄丢的那枚魔戒，魔戒归来啦！

"我的愿望是——把我吹过的牛皮，都给我整团圆！"马尔鲁夫忙说。于是，魔神变出了一支庞大的商队，满载着金银财宝，由马尔鲁夫带领回到城里，加倍归还了国王和商户们的钱。

一场皆大欢喜的结局正要上演，就在这时，邪恶的角色登场啦！一天，马尔鲁夫喝醉了酒，把魔戒的秘密告诉了宰相。宰相趁他睡着后偷走了魔戒，令魔神将马尔鲁夫和国王变到了沙漠中。宰相自封为王，逼着公主嫁给他。但公主也非等闲之辈，她假装愿和宰相结婚，结婚那天，她又说魔戒里的魔神正盯着她看，令她很害羞。宰相信以为真，取下魔戒放到枕边。公主一个箭步上前抢走魔戒，转身踢倒宰相。女仆们一拥而上，把宰相来了个五花大绑。

"公主，饶命哪！"宰相连连求饶。

"答对问题，就饶了你！"公主说，"下面哪一项不是戒指的功能？

A. 为了好看；

B. 用作印章；

C. 用来实现愿望；

D. 用来记事。

 "D 没听说过，选 D！"宰相说。

公主评判

你答错了哦！

用来记事，恰好是戒指最早的功能之一。

据说戒指最早起源于中国，早在4000多年前，中国人已经开始佩戴戒指。据2000多年前的汉朝文献记载，当时的皇帝有许多妃嫔，每隔一定时间要更换不同的妃嫔来伺候皇帝。为了记住哪一天由哪位妃嫔来为皇帝服务，宫里的太监就会在当天值班的妃嫔右手上戴一枚银戒指，作为记号。

如果妃嫔怀了皇子，太监又会在她左手上戴一枚金戒指，以便记住这位妃嫔不能再值班了，必须休息。所以戒指又有"戒止"的意思。

在3000多年前的埃及，统治者经常将代表权力的印章随身携带，但后来觉得很不方便，于是把印章镶到圆环上，然后套进手指。后来，女人们发现这些手指上的小印章戴起来挺漂亮，便将它做出了各种美丽的造型，变成了女士的饰品。

正确的答案是C，因为除了这枚魔戒，地球人都知道戒指是不能用来实现愿望的！

公主的惩罚

宰相答错了，公主唤出魔神，把宰相送到了沙漠，又将马尔鲁夫和国王送回了宫殿。后来，马尔鲁夫当上了国王，和公主一起救济了全国无数的穷人，成为一个人人称赞的好君主。

秘密十八：快看，这木马能像鸟一样飞！

听这个故事之前，请先准备好一张世界地图，以免地点变换得让你晕头转向。

古代波斯国（也就是现今的伊朗）的国王很喜欢奇珍异宝，他举办了一场寻宝大赛，吸引了世界各地的收藏爱好者前来参加。

经过紧张地评选，一个印度人获得了寻宝大赛的冠军，他带来的宝物是一匹用木头做的马，坐上木马，按一下马脖子上的按钮，就可以像坐飞机一样飞到世界任何地方。据"砖家"分析，这个印度人其实是因为一场车祸，从未来世界穿越到了古代。

会飞的木马引起了波斯王子的极大兴趣，他不顾父王反对，硬是要坐上木马玩一把，结果他刚按下马脖子上的按钮，"刷"的一声就飞不见了。见到木马把自己的宝贝儿子带跑了，波斯国王大怒，下令将印度人关进大牢给了一顿痛打。

王子骑着木马,向东飞了不知道多长时间,渐渐熟悉了如何驾驶木马。这时,他飞到了印度和巴基斯坦交界处(请自己看世界地图),此地有个小国叫萨乃奥国,王子偷偷地降落到了萨乃奥国的王宫中游玩。

萨乃奥国的公主是一个大美女,王子降落时正巧碰见了她。一个是倾国倾城的美貌,一个是骑着神驹天使般地降临,英雄配美女,两人一见面就彼此喜欢上了对方。

于是,王子向萨乃奥国国王求婚,国王却坚决不同意:"我一把屎一把尿、辛辛苦苦拉扯大的漂亮女儿,你像只苍蝇似的飞进我的王宫就给带走了?没门儿!"国王命令大内高手和王子比武,王子自知没胜算,连忙坐着飞木马逃回了波斯。

波斯国王看见儿子又坐着木马飞回来了,转悲为喜,就释放了那个印度人,可是印度人却记恨上了王子,想找机会报复。

回到波斯后,王子对公主朝思暮想,实在忍不住,又偷偷骑上木马飞到萨乃奥国。这时,公主也因思念王子而整夜哭泣,两人一见面便拥抱在一起,发誓永不分离。于是,王子用木马带上公主一起飞回了波斯。降落后,他把木马和公主留在花园里,自己去向父王禀告。

国王的挑战

当王子带着文武百官，敲锣打鼓地来花园迎接公主时，公主和木马却不见了。原来，是印度人趁王子不在，把公主和木马抢走了，他坐着木马一直向西飞，将公主拐到了希腊王国的境内。

正巧，希腊国王打猎归来遇到了他们，国王见印度人鬼鬼祟祟，便上前询问。印度人谎称公主是自己的妻子，公主却一个劲儿地摇头。国王一看，一个又老又丑，一个美若天仙，英雄救美的机会到了！于是，印度人又被送进大牢一顿痛打；公主也被关进了王宫，天天收到希腊国王的求婚礼物。但是，她却因为想念王子而病倒了。

再说波斯王子和公主失散后非常难过，他没了飞木马，就步行前往许多国家寻找公主，鞋底都走穿了，后来终于打听到了公主的下落。

于是，王子化装成医生，独自来到希腊要求为公主治病。希腊和波斯自古就是宿敌，希腊国王见王子是个波斯人，便有些怀疑，他对王子说："我看你不像医生，如果你答对我的问题，就让你给公主看病。"

"请出题吧！"王子回答道。

下面哪一项条件并不能帮助鸟类飞行？

A. 空心的骨头；

B. 有很多羽毛；

C. 腿长力量大；

D. 特殊的呼吸能力。

 "选C！"王子沉着地回答。

国王评判

嗯，你答对了。

鸟儿会飞，除了是因为有翅膀，它丰厚、轻盈的羽毛也起了很大的作用。羽毛使鸟类的身体外形呈流线型，飞行时受到的空气阻力很小。因为长满羽毛，也增大了翅膀的面积，飞行时翅膀上下扇动，就能产生巨大的下压气流，使鸟儿飞起来。

鸟类还有一套独特的呼吸系统，它的肺部实心且呈海绵状，周围还连有许多个气囊。飞行时，鸟吸入空气后，一部分空气进入肺部进行气体交换，另一部分则会暂时存入气囊，等肺部的上一股气体排出后，再进入肺部继续交换。所以，鸟类飞行时，一次吸气就能在体内进行两次气体交换，这样的"双重呼吸"功能保证了鸟类在快速飞行的剧烈运动中依然供氧充足，不会像人类那样上气不接下气。

鸟类的骨头是空心的，里面充满了空气，这样也减轻了鸟类身体的重量，加强了飞行的能力。而鸟类的腿部的长短和力量大小，和飞行基本无关。

国王的承诺

波斯王子答对了，希腊国王允许他给公主看病。王子故意说："公主得病是因为有魔鬼缠身，请把她抬到空旷的地方，我用这只木马可以为她驱除魔鬼！"国王信以为真，照王子说的办了。王子趁机抱起公主，坐上木马飞走了。最后，王子和公主回到了波斯。见到王子，公主的病自然就好了。他们举行了盛大的婚礼，从此过上了幸福的生活。

秘密十九：瞧这对智者教育出来的猫和鼠！

一天夜里，风雨交加，一只又冷又饿的猫在树林里四处流浪，就快要被冻死了。突然，猫看到一棵大树下有个地洞，便想进洞取暖，可是洞口太小，猫钻不进去，只好趴在洞外哀叹。

地洞里住着一只老鼠，也是饥肠辘辘，刚想出去找点吃的，却发现外面有只猫，吓得不敢出洞。

猫说："亲爱的鼠弟，你就忍心看到一只贫病交加的老猫在暴风雨中逝去吗？智者说过：用自己的家保护孤苦无靠的弱者，真主就会让你进入天堂！请你让我进洞避避雨，雨停后我马上就离去。"

看来，这只猫并不像汤姆那样头脑简单。

老鼠回答："你的谎言是欺骗不了我的，让你进来，就好比把美女交给流氓，把金钱交给赌徒，把干柴投入烈火……智者说得好：生来是敌人，到头还是敌人！"

听听，老鼠的语文成绩也比杰瑞强多了！

"你的话不无道理。但智者还说：如果今生你原谅了别人，

那么来世就可以得到真主的宽恕。尽管猫鼠是天敌，但在伟大的友爱面前，神马都是浮云！我发誓，进洞后绝不会伤害你。"猫说。

"你不要再对我花言巧语了！我不会放你进来的。智者说：如果对敌人粗心大意，就等于把自己的手伸进了毒蛇的嘴里。"老鼠依旧拒绝了猫的请求。

就这样，它们你一句"智者说"，我一句"智者说"，唇枪舌剑了半天，仍旧僵持不下。

雨越下越大，风越刮越冷，猫渐渐支持不住了，它悲哀地对老鼠喊道："你这个见死不救的家伙，好吧，临死之前我要说最后一句话，智者说：心灵冷漠者，命中注定会受到真主的惩罚！"说完就晕了过去。

猫的最后一句话终于令老鼠动摇了，老鼠感到很内疚，非常害怕真主会惩罚自己。它连忙用爪子挖大洞口，奋力将躺在外面的猫拖进了洞里。洞里比外面温暖得多，猫躺了一会儿，逐渐醒来，恢复了体力。

读名著学常识

猫狗的挑战

　　有了力气，猫立刻本性毕露，亮出爪子向老鼠扑来。老鼠措手不及，一边逃窜一边骂道："你真是背信弃义，居然转眼就忘了自己的誓言。智者说：和敌人交朋友，岂不是与虎为伴？智者还说：相信敌人就是自寻死路……可惜我都没听。"

　　"吃自己的鼠肉，让智者说去吧！"猫冷笑一声，继续追逐老鼠。

　　它们在鼠洞里上蹿下跳，嘈杂声引来了一只路过的猎狗，猎狗以为洞里有狐狸，瞪大了眼睛往洞里瞧。猫见到猎狗，吓得汗毛直竖，连忙放弃了追逐老鼠，逃出地洞。可是刚一出洞，它就被猎狗扑个正着。

　　"哈哈，一只钻进老鼠洞的猫？有意思，正好把你当猎物抓回去向主人交差。"猎狗笑道。

　　"放了我吧，我又老又瘦。智者说，爱护弱小，就会得到真主的保佑。"猫央求道。

　　"那好，我就给你一次被爱护的机会，答对我的问题，我就放了你，否则……听好了！"

　　猫为什么要吃老鼠？

A. 老鼠肉很鲜美；

B. 为了保护庄稼；

C. 猫很讨厌老鼠；

D. 为了晚上能出来活动。

"智者说，敬畏真主，匡扶正义。我吃老鼠当然是为了B！"猫回答。

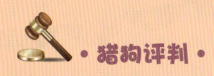

·猫狗评判·

哈哈，别装了，真正的答案是D，这个可能连猫自己都不知道。猫是一种夜行能力很强的动物，漆黑的夜晚，许多动物都看不到东西，然而猫却能保持敏锐的视觉，准确地捕捉到猎物。这除了和猫眼睛的生理结构有关外，还和猫的食物有很大的关系。

科学家研究发现，猫需要依靠一种叫牛磺酸的化学物质来提高夜视能力，它对猫眼视网膜中的感光细胞有促进作用。如果缺少这种物质，猫在晚上的视力就会大大下降，长期缺乏甚至会引起视网膜变形，最终导致失明。然而，猫自身无法合成牛磺酸，只能依靠从外界摄取。老鼠体内则含有丰富的牛磺酸，所以，猫需要大量捕食老鼠，维持夜视能力，这样才能在自然竞争中生存下来。另外，鱼类含有的牛磺酸最为丰富，这就是猫为什么最爱吃鱼和老鼠的原因了。现在人们喂猫用的猫粮，也加入了丰富的牛磺酸。

其实，大部分动物都需要牛磺酸，只不过有些动物如狗、人的体内都能自行合成牛磺酸，所以不必完全依靠从食物中摄取。

·猎狗的惩罚·

猫答错了问题，被猎狗叼走了。这时，老鼠从洞里出来，长叹了一口气说道："智者说，你爱别人，别人也爱你；如果你害别人，最后也会被人害掉。真是说得一点儿都不假呀！"

秘密二十：只要哄她说话，就能当上驸马！

古时候有个国王，他有一个令人十分头痛的女儿。这位公主长得不丑，人品不坏，身体也很健康，就是有一个毛病——不爱说话。不管和谁在一起，她只会默默地待在那儿，就像一尊冷冰冰的雕像。

照现在看来，这位公主可能是得了自闭症，可是古时候的人哪懂得这些呀？眼看公主已经长大，但不爱说话的性格还是没变，国王急坏了，绞尽脑汁想了个办法。

他命人贴出公告，宣布为公主征选驸马，全国男青年不论贫富尊卑均可参加。但是，驸马必须每天能逗公主说话，否则就立刻杀头，以便把位置让给有能力让公主开口的人。

公告张贴后不久，就有许多男青年踊跃报名，可是他们都没能打开公主的金口：你跟她打招呼，她不搭理你；你跟她讲笑话，她不搭理你；你问她吃了没？最近咋样？她还是不搭理你……就这样，足足有二十四个驸马被国王杀掉了。

有一天，又有一个年轻人报名来当驸马。国王派了一个拿刀的黑奴跟着年轻人走进了公主的房间，一旦发现公主没有说话，就要立刻杀头。

年轻人并不慌张，他进入房间后，居然看都没看公主一眼，反倒转身对着黑奴讲起了故事：

从前，有个手艺很好的木匠雕刻了一尊少女雕像。一个富商见少女雕刻得美丽动人，就花大钱做了一件金衣裳给雕像穿。一位信徒也很喜欢雕像，就祈求真主赐予雕像生命。结果，真主真的让雕像活了。那么，木匠、商人、信徒三人，谁应该得到这位少女呢？

黑奴支支吾吾答不上来，这时，坐在一边的公主居然开口了："少女应该归信徒，如果没有信徒向真主祈求，雕像永远只是雕像！"

原来，公主见年轻人进门不理自己，感到很奇怪："从来都是我不搭理别人，今天居然有人不搭理我？"于是，公主仔细听着年轻人讲的故事，觉得很有意思，不由得说出了自己的想法。

公主开口说话了！黑奴连忙跑回去向国王汇报。国王不太相信，决定第二天继续考察一下年轻人，便派王子代替黑奴去监视他。

阿里巴巴也不知道的小秘密

国王的挑战

第二天，年轻人来到公主房间，还是没理公主，转身给王子讲了个故事：

人、鲸鱼、狼、鹰是好朋友。一次，鲸鱼送了人一箱礼物，嘱咐他回家前千万别打开箱子。因为好奇，人在半路上打开了箱子，一个仙女钻出箱子飞跑了。人立刻回去找鲸鱼、狼和鹰，请它们在海、陆、空三个范围帮忙寻找仙女。最后，鲸鱼在海上把仙女找到了。这时，鲸鱼不肯再将仙女交给人了。人却说："鲸鱼把箱子送给我，仙女就应该归我！"狼和鹰也说："本来这事和我们无关，我们却热心地帮忙，仙女应该归我们。"结果他们吵了起来。那么，仙女到底应归谁呢？

王子想了半天也答不出来，这时，公主又开口了："鲸鱼有权得到仙女。如果没有鲸鱼，仙女早就不见了。猎物应该归捕获者，而不是追捕者。"

王子飞快地回去禀报国王。国王很高兴，把年轻人叫来说："你让公主说话了，现在，若你答对我的问题，我就正式招你为驸马。听好了！"

除了人，为什么其他动物不能说话？

A. 动物没学过；

B. 动物不需要沟通；

C. 动物其实会说话，只是人听不懂；

D. 动物没有复杂的发音器官。

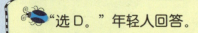"选D。"年轻人回答。

国王评判

贤婿，你很聪明，答对啦！

说话就是用语言交流，它不同于动物的叫声。动物的叫声通常只能发出比较简单的一些声音，而说话发出的声音需要有更宽的音域、更多的音调、更复杂的音节，这样才能形成丰富多彩的语言。然而，想要做到这一点，就必须有一套非常庞大、独特的发音器官，在这个世界上，只有人类才具备这样的"宝贝"。

人类的嘴、喉咙、肺等都是相通的。发音时，人体首先会控制肺部的收缩，从肺部排出空气经过喉咙的一对声带，通过声带振动发声。人类可以控制声带的松紧、张合大小，来发出不同的音调，再加上牙齿、舌头、腭部和面部肌肉相互配合，便发出了千变万化的声音，从而产生了语言。

其他动物和人一样，也需要互相沟通，它们通过叫声、摩擦声、气味、动作、体色等方式互相传递信息、表达情绪。不过，这些沟通方式和人类的语言比起来就简单得多，即使它们能用叫声交流，也不能叫作会说话。

阿里巴巴也不知道的小秘密

国王的承诺

年轻人答对了，国王为他和公主举办了盛大的婚礼。从此，年轻人每天都会讲个故事，然后让公主来回答问题。公主也越来越喜欢说话，年轻人讲的故事，只有她能一语破的地说出其中的含义。两人一唱一和，天生一对，从此成为一段广为流传的佳话。

秘密二十一：哪里有鬼魂？那是位大帅哥！

阿拉伯有个国王，直到六十岁才生了一个儿子，名叫宰曼。因为老来得子，国王对宰曼百般爱护，什么事情都要替他办好。一年年过去，宰曼长成了帅小伙，国王便开始为他准备婚事。

和现在的许多小朋友一样，宰曼长大了，有了自己的想法，觉得家长对自己管得太多，很不自由，因此老和家长唱反调。所以，每当国王提出结婚的事，宰曼就是不答应，让国王很着急。

终于有一天，宰曼因为不想结婚，在朝堂上和国王吵了起来，国王一气之下命令将宰曼关进一座千年古塔里闭门思过。

千年古塔里住了许多神鬼。一次，宰曼正趴在桌上打盹，一个天使和一个魔鬼出来游荡。天使见宰曼长得很英俊，赞叹说："他可能是天下最美的少年了！"

魔鬼说："不一定哦，在遥远的东方，我见过一个被关在暗室里的姑娘，也俊俏无比。"

"是吗？那你把姑娘弄过来和他比比，看谁最美！"天使说。

魔鬼变出了一位熟睡的姑娘，放在宰曼身边。天使和魔鬼对他俩评头论足了半天，觉得

美貌不相上下。"要不玩个游戏,把他们分别弄醒,看看他们见到对方是什么反应。"天使说。

"好!"魔鬼吹了一口气,把宰曼弄醒。

宰曼睁开眼睛,突然发现身边躺着一位睡美人,如花似玉的容貌令他一见倾心。宰曼想:"这一定是父王偷偷送进来诱惑我结婚的。不过这个姑娘我很中意,明天就去求父王把她嫁给我!"于是,宰曼从姑娘手上取下一枚戒指作为定情物,面带笑容地继续睡了。

魔鬼又吹了一口气。姑娘醒了,看见有位大帅哥,也是又惊又喜,悄悄说:"这一定是父王故意安排的,我好喜欢他!明天就禀告父王说我同意嫁给他。"姑娘也从宰曼手上取下一枚戒指作为定情物,美美地睡着了。

原来,姑娘是中国的一位公主,名叫白杜儿,她的遭遇和宰曼差不多,父王给她介绍了许多男朋友,她一个也看不上,还和父王大吵一场,被父王关进了暗室。见到宰曼,白杜儿误以为他也是父王介绍的。

读名著学常识

麦祖旺的挑战

见到两人的反应，天使和魔鬼觉得没啥意思，魔鬼将白杜儿送回了遥远的中国。然后，两个鬼神也各自散去了。

到了第二天，宰曼醒来，发现姑娘不见了，便吵着要从古塔里出去结婚。国王一听很高兴，连忙把宰曼放出来。可是，当宰曼找他要昨天那位熟睡的大美女时，国王却莫名其妙："昨天我啥时候给你介绍过美女？"

"父亲啊，你为什么要耍我呀？"宰曼不相信国王说的话，捶胸顿足，大喊大叫。国王以为儿子发疯了，十分伤心，命令把宰曼迁往海边疗养。

白杜儿那边更惨，醒来后听说那位一见钟情的帅哥根本不存在，白杜儿大哭一场，得了重病，她的父王找了很多医生都没能把她治好。

白杜儿有个哥哥叫麦祖旺，有一天，他去看望妹妹，问："你见到的那帅哥会不会是鬼魂？"

"不是，我这里还有他的戒指呢！"白杜儿说。

麦祖旺说："好，那我问你个问题，你答对了，我便帮你想办法。"

鬼魂到底是些什么东西？

A. 厉害的怪兽；

B. 错觉；

C. 人死后的灵魂；

D. 外星人。

 "选B！"白杜儿说。

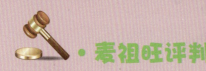

麦祖旺评判

说得不错！鬼魂几乎在世界上所有民族的神话故事、民间传说中都出现过，一直到今天还有人声称看见过鬼魂。但是，鬼魂是不存在的，绝大部分是人的错觉。

人体是一部十分复杂、精密的机器，眼睛、耳朵、鼻子、触觉等让我们能够真实地感知这个世界。但是，再精密的机器也有出错的时候，因为种种原因，人体机器出错了，就会让我们看到、听到、感受到一些根本不存在的东西，这就是错觉。

产生错觉的原因有很多。在光线昏暗、声音嘈杂等感知条件很差的环境下，因为生病导致视觉、听觉功能减退，受到害怕、忧虑、悲伤等强烈情绪的影响，受到欺骗、暗示后产生了幻想……这些情况都能引起人的错觉，经常让人误以为遇到了鬼魂。例如，夜晚摇摆的树枝会让人以为是张牙舞爪的鬼怪，强风呼啸的声音听起来像有人哭泣……

即使是几百年后的现代照相机、摄像机拍到的鬼魂影像，也是因为有人装神弄鬼，或某些巧合形成了酷似鬼魂的形象而造成的。

阿里巴巴也不知道的小秘密

麦祖旺的承诺

麦祖旺周游世界，四处寻找白杜儿那天遇到的帅哥。有一天，麦祖旺来到了阿拉伯，听说了宰曼王子发疯的事情，觉得宰曼很可能就是妹妹遇到的那个人。

于是，麦祖旺找机会成为宰曼的仆人，向宰曼诉说了白杜儿的事情。宰曼一听心上人有了下落很高兴，偷偷和麦祖旺溜出疗养所，乘船去往中国见到了白杜儿。两位有情人终于相见，喜极而泣，很快办了婚礼。后来，宰曼又带着白杜儿欢欢喜喜地回国探亲，一家人美美满满，十分幸福。

秘密二十二：钻石黄金都懒得要？这真是无话可说！

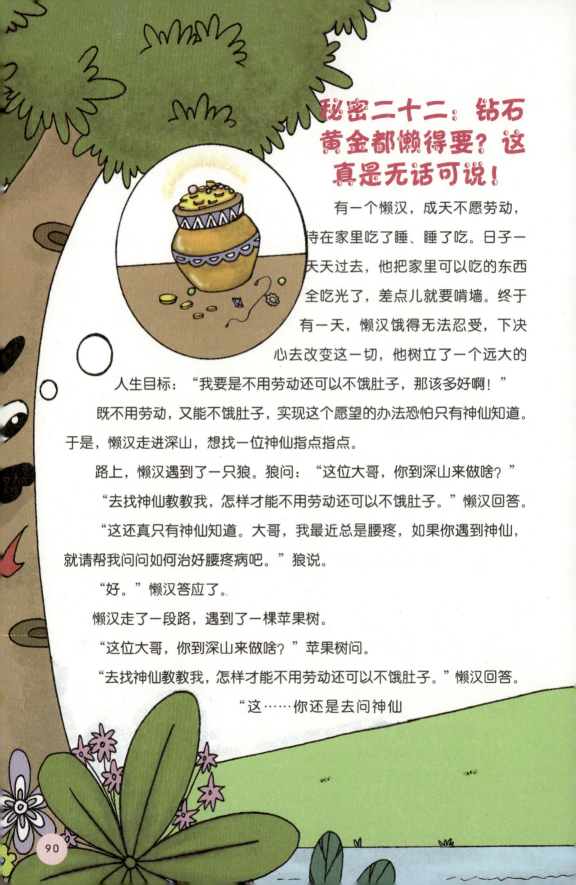

有一个懒汉，成天不愿劳动，待在家里吃了睡、睡了吃。日子一天天过去，他把家里可以吃的东西全吃光了，差点儿就要啃墙。终于有一天，懒汉饿得无法忍受，下决心去改变这一切，他树立了一个远大的人生目标："我要是不用劳动还可以不饿肚子，那该多好啊！"

既不用劳动，又能不饿肚子，实现这个愿望的办法恐怕只有神仙知道。于是，懒汉走进深山，想找一位神仙指点指点。

路上，懒汉遇到了一只狼。狼问："这位大哥，你到深山来做啥？"

"去找神仙教教我，怎样才能不用劳动还可以不饿肚子。"懒汉回答。

"这还真只有神仙知道。大哥，我最近总是腰疼，如果你遇到神仙，就请帮我问问如何治好腰疼病吧。"狼说。

"好。"懒汉答应了。

懒汉走了一段路，遇到了一棵苹果树。

"这位大哥，你到深山来做啥？"苹果树问。

"去找神仙教教我，怎样才能不用劳动还可以不饿肚子。"懒汉回答。

"这……你还是去问神仙

吧。对了,我已经好几年只开花不结果了,如果你遇到神仙,能帮我问问是什么原因吗?"苹果树说。

"好。"懒汉答应了。

又走了一段路,懒汉来到小河边,遇到了一条鱼。

"这位大哥,你到深山来做啥?"鱼问。

"去找神仙教教我,怎样才能不用劳动还可以不饿肚子。"懒汉回答。

"我看只有神仙才能达到如此境界。哎哟,我的嗓子好疼,如果你遇到神仙,能帮我问问我得了什么病吗?"鱼说。

"没问题!"懒汉答应了。

懒汉走了三天三夜,终于遇到一位白发苍苍、面貌慈祥的老人。他就是神仙,因为童话里的神仙大都是这个造型!

于是,懒汉连忙上前,把自己的愿望,以及鱼、苹果树和狼的问题一起向神仙求教。

"鱼的喉咙里卡了一块钻石,取出钻石就不会嗓子疼了;苹果树下埋了一大罐黄金,阻碍了树根的生长,挖出黄金就能结果了;至于狼,如果它吃掉一个懒得无话可说的懒汉,腰疼病就能治好。"神仙把问题一一解答。

读名著学常识

狼的挑战

"那如何实现我的愿望呢?"懒汉急着问。

"最后你会实现愿望的。"神仙说完,便刷的一下消失了。

懒汉往回走,把神仙的话告诉了鱼。"请你帮我把钻石从喉咙里取出来,可以吗?"鱼说。

"那太难了,我才懒得动呢!"懒汉摆摆手走了。

懒汉继续往回走,把神仙的话告诉了苹果树。

"请你把树下的那一大罐黄金挖出来,谢谢了!"苹果树说。

"一罐黄金多重啊,会累死我的!"懒汉摇摇头走了。

最后,懒汉遇到了狼,把神仙的话都告诉了它。

"那你取到了钻石,挖到了黄金没有呢?"狼问。

"没有,太麻烦了,我还要赶回家睡觉呢!"懒汉说。

"唾手可得的钻石和黄金你居然都懒得要,真是懒得无话可说呀!嘿嘿,我的治病良药找到了,我要吃了你!"狼哈哈大笑起来。

"你不能这样啊,没有我帮你问神仙,你怎会知道如何治病?"懒汉慌了。"那好,给你一次机会,若你回答对我的问题,我就放了你!听好了——

下面的物质,哪一个是钻石的"亲兄弟"?

A. 石墨;

B. 玻璃;

C. 黄金;

D. 水晶;

"钻石和水晶都是值钱的透明宝石,应该选D!"懒汉回答。

阿里巴巴也不知道的小秘密

哈哈，看来我的腰疼病有治了。应该选A，你答错了！

纯净的钻石是无色透明的，储量稀少，价值连城，而且是自然界中最硬的物质，可以切割玻璃；而石墨是黑灰色的，储量较多，并不值钱，而且质地柔软，有油腻感，可以在纸上画画，小朋友用的铅笔芯中就添加了石墨。

虽然钻石和石墨的区别很大，但它们却是真正的"亲兄弟"，都是由一种看不见的碳原子组成。只不过碳原子很顽皮，在组成钻石和石墨时，采取了两种不同的排队方式，所以才造成了两个"亲兄弟"这么大的差异。

组成钻石时，每个碳原子都与另外四个碳原子相接，形成了坚固的三维结构，形成了钻石的坚硬性质。而组成石墨时，碳原子层层松散地堆叠在一起，很容易就会脱开，因此石墨柔软光滑。

但在高温高压下，石墨可以转换成钻石。

而黄金的成分是金元素，玻璃和水晶的主要成分都是二氧化硅，所以它们都不是钻石的"亲戚"。

懒汉答错了，狼朝他扑了过去，一口把他吃掉……

果真如神仙所说，到最后懒汉的愿望终于实现了，从此，他再也不用劳动，也再也不会挨饿了。

秘密二十三：橄榄怎会永不烂？这连小孩都明白！

古时候，巴格达有个虔诚的信徒叫亚力，他打算前往伊斯兰教圣地麦加城去旅行，可是那时没有飞机和火车，麦加城与巴格达远隔千里，一去一回就得花上好几年的时间。

出发前，亚力有一千枚金币的家产不知道该如何处理，放在家里怕人偷，带着上路怕人抢，存进银行？古时候又没有银行！

于是，亚力将金币装进一个坛子，在金币上面铺了一层绿橄榄，再将坛口封好。他把坛子拿到了一个商人朋友那里，对商人说："我这里有一坛子橄榄，请你帮我保管，等我旅行回来再找你取。"商人答应了。

亚力这一走竟过了七年还没回来。一天，商人老婆想用橄榄做菜，商人想："亚力去了这么久，可能不会再回来了，干脆把他的那坛橄榄用了吧！"他打开那个坛子，发现橄榄都腐烂了，下面露出了一些金灿灿的东西，仔细一瞧，居然是金币！

商人高兴极了，忍不住起了贪念。他将金币拿出来装进自己腰包，又在集市上买了许多绿橄榄装满坛子封好。

过了几个月后，亚力终于从麦加返回了巴格达，他找商人取回了坛子，打开一看，金币全不见了，变成了整整一坛绿橄榄。

亚力连忙去找商人理论："朋友，你确实归还了我的坛子，但除了橄榄，当初我在坛子里还放了一千枚金币，请你也还给我。"

"天哪！当初你口口声声说这是一坛橄榄，现在却找我要一千枚金币，你穷疯了吧你！"商人反咬一口。

两人大吵起来，亚力见商人不肯认账，把他告到了法官那里。

法官问亚力："当初你把金币装进坛子时有人看见吗？"

"没有。"亚力说。

"既然没有证人，那怎么证明金币被商人拿走了呢？何况事情都过了七年，你还是回去吧。"法官说。

亚力傻了眼，只有哑巴吃黄连，活生生地看着金币变成了橄榄。

这一桩奇案在巴格达城内引起了不小的轰动，老百姓们议论纷纷，还传到了国王的耳朵里。

有一次，国王出宫巡察，看到一群小孩在玩法官审案的游戏，审理的"案件"正好是亚力的案子。

读名著学常识

国王的挑战

"大人，他用橄榄偷换了我的金币！"扮演亚力的小孩说。

"大人，七年前他明明说这是一坛橄榄！"扮演商人的小孩辩解道。

"来人，把那坛橄榄拿来我尝尝……嗯，味道真不错！这橄榄真是神奇，过了七年颜色还这么鲜绿，而且还很好吃呢！"扮演法官的小孩说道。

"哈哈哈哈……"扮演群众的小孩们都笑了。

"这橄榄能放多久？能保存七年吗？""法官"问。

"最多能放一两年，如果放了七年，早就烂了！""群众"异口同声地回答。

"来人呀！把这个不诚实的商人拖下去打板子！"

于是，小孩们哄闹着，把"商人"推到一边又玩起打板子的游戏来。

"真是一群人小鬼大的孩子啊！"国王大受启发，令人找来扮演法官的小孩说："现在我出个问题考考你，如果答对了，我就让你当一次真正的法官来审理案件！"

"太棒了！"小孩说。

下面哪一项是食物放久后会腐烂的原因？

A. 没有煮熟；

B. 被老鼠、苍蝇偷吃；

C. 有微生物；

D. 没有充足阳光照射。

 "应该选 C。"小孩说。

96

阿里巴巴也不知道的小秘密

你真是神童呀，答对了！

任何食物在放置一定时间后，都会腐烂变质、发臭、发霉、变色、变味……发生腐烂的原因有很多，其中很重要的一条就是有微生物在作怪。

生活环境中，微生物无处不在。食物在进行制作加工、运输储藏时，都会接触到各种微生物。而这些肉眼看不到的生物会把食物当做生存和繁衍的温床，它们能分解食物中的营养，以满足自己身体的需要，并且还会在食物上繁殖后代，排泄代谢物。

被微生物侵占的食物，蛋白质遭到破坏，布满了霉斑，最后发酸发臭，失去原有的颜色和质地，这就是腐烂变质。

高温、氧气、阳光、水分等都可以帮助微生物在食物上滋生，所以想要让食物保存时间长一些，就应该把它放在低温、密封、阴凉、干燥的环境下。而煮熟食物可以杀死微生物，但放久后还是会腐烂。老鼠、苍蝇会给食物带来细菌，加速腐烂，但它们不是直接原因。充足的阳光照射，恰恰会促进食物的化学反应，加快腐烂。

小孩答对了。第二天，国王把亚力和商人召到王宫，让小孩充当法官进行重审。当小孩问到亚力坛子里的橄榄为何放了七年后还是绿色且保持新鲜时，商人无言以对，只有把一千枚金币还给了亚力。

国王十分满意，训斥了前一次审案的糊涂法官，还赏赐给小孩一百枚金币作为嘉奖。

秘密二十四：这免费的糖拌饭到底能不能吃呀？

阿里是一个年轻的帅小伙，他老实本分、心地善良，但就是比较穷。

一天，阿里路过一个奴隶市场，看到那里人山人海，便挤进去看热闹。原来，奴隶市场在搞促销活动，要拍卖一名叫祖白绿的女奴。这个女奴可不一般，不但貌美如花，能歌善舞，还会一身好手艺。祖白绿原先的主人因为破产，才不得不把她卖掉，主人答应祖白绿可以自己挑选买主。

为了抢祖白绿，贪婪的富人们你争我夺，极力炫富，丑态毕露，最后，一个叫拉什顿的人出价1000枚金币赢得拍卖。可是，祖白绿看到拉什顿满脸猥琐，一看就不是好人，拒绝跟拉什顿走。

祖白绿环顾台下的人群，看到了一声不吭的阿里，见他相貌堂堂、举止文雅，不像拉什顿那样眼里流露着邪恶。祖白绿觉得阿里是个可以依靠的人。

她招呼阿里过来，悄悄地说："等下你来买我吧，我愿跟你走！"

"我只是打酱油的，没有一分钱！"阿里连连摇头。

"我有钱！"祖白绿把自己积攒的1000枚金币交给阿里，阿里用这

阿里巴巴也不知道的小秘密

些钱把她买回了家。

天上掉下个"林妹妹",阿里自然喜欢得不得了,对祖白绿爱护有加。祖白绿每天做些手工艺品给阿里去卖。两人结为夫妻,过上了幸福的小康生活。

可是好景不长,先前想买祖白绿的拉什顿怀恨在心,一直在找机会报复,终于有一天,他趁阿里外出时把祖白绿给抢走了。拉什顿这个人很变态,天天虐待祖白绿,把她折磨得死去活来。

爱妻失踪后,阿里大病一场,一位邻居大娘很同情他,帮忙四处打听祖白绿的下落。有一天,大娘来到拉什顿家门口,听见了祖白绿的哭声,大娘从窗边偷偷告诉祖白绿:"你丈夫今晚会来救你!"然后连忙回去向阿里报信。

正当阿里准备去演一场英雄救美的好戏时,半路却杀出个"程咬金"。一个匪徒夜晚摸进拉什顿家偷东西,碰到了祖白绿。因为天黑看不清,祖白绿以为是阿里来救她,便乖乖地让匪徒抱走了。匪徒把祖白绿劫到了一个山洞中,对她又是一阵折磨。

读名著学常识

祖白绿的挑战

有一天，匪徒又出去行窃，让同伙看守祖白绿。祖白绿假意为同伙按摩，把同伙弄得舒舒服服地睡着了，她便趁机逃出了山洞。

祖白绿四处流浪，来到一座陌生城市，发现全城人都聚在城门口敲锣打鼓地迎接她，一见她就喊："女王万岁！"。

原来，这个城邦的国王刚死，没有子嗣，按照规定，全城人在城门口等待三天，第一个路过的人便是真主指定的新国王，祖白绿恰好第一个路过。祖白绿当了女王又惊又喜，工作起来很卖力，把国家治理得井井有条。为了帮助老百姓，她每月会举办一次宴席，请老百姓免费吃喝。

一次，祖白绿见到宴席上有两个人正抢着吃一盘糖拌饭，行为十分丑陋，仔细一瞧，竟是虐待过她的拉什顿和匪徒。原来，这两个贪婪的人听说有免费的饭吃，便混在人群中占便宜。祖白绿立刻命令卫兵把他们抓了起来。

"女王，我们错了，饶命啊……"两人连连求饶。

"答对了我的问题，就饶了你们。"祖白绿说。

为什么糖不能多吃？

A．会越吃越饿；

B．吃糖要喝很多水；

C．会让肚子感到很饱；

D．会影响睡眠。

"选B！"匪徒说。
"你错了，选D！"拉什顿说。

·祖白绿评判·

这真是天谴啊，你们两个的答案都错了！应该选 C。

糖是一种人体不可缺少的营养要素，我们每天都需要摄入一定量的糖，人体所需的能量有 70% 都是由糖供给的。

但是，如果糖吃得过多，就会适得其反，影响人体健康。

因为，糖所含的能量很高，但是除了能量，几乎不含别的营养物质。吃多了糖分较多的甜食，人就会因摄入能量太多而产生肚子很饱的感觉，不想吃其他的东西。这样，那些富含蛋白质、维生素、矿物质等的食品就会吃得很少。另一方面，糖在人体中的消化和代谢，也需要消耗很多的维生素、矿物质。

所以，长期过量地吃糖，会使人体吸收的营养不均衡，造成缺乏维生素、缺钙、缺钾等营养问题，容易导致肥胖、骨折、蛀牙、佝偻、心脏病等疾病。

我们一天摄取的糖分，最好不要超过 40 克。

·祖白绿的惩罚·

拉什顿和匪徒答错了，祖白绿命令将他们处死。吃糖拌饭丢了命，此后的宴席没人敢碰糖拌饭。又过了很久，祖白绿在宴席上发现一个人居然敢吃糖拌饭，走近一看，他是阿里！

原来，阿里遍寻不着祖白绿的下落，悲痛欲绝，他流落到这座城市，听说吃了宴席上的糖拌饭会被处死，便来寻死。这次糖拌饭却带来了团圆。最后，祖白绿放弃王位，和阿里过上了平凡、幸福的生活。打酱油的捡美女，路过的当国王，混饭吃的把命丢，这真是善有善报，恶有恶报啊！

秘密二十五：芝麻！一定要记住是芝麻！

有一个快乐的青年名叫阿里巴巴，他有一个财主哥哥叫戈西母。阿里巴巴勤劳善良，但生活穷困，不得不找戈西母借债度日。戈西母则吝啬贪婪，对弟弟都不忘放高利贷。

一天清晨，阿里巴巴到野外砍柴，突然发现远处过来一队强盗，连忙躲了起来。强盗一共有四十个，由一个首领带队，他们带着抢劫来的金银财宝，来到一块巨石前。首领对着巨石叫了一声："芝麻，开门吧！"巨石居然自动挪开了，巨石后面是个山洞，强盗们把财宝搬进山洞放好。首领又叫了一声："芝麻，关门吧！"巨石把洞口封住了。

科学家表示，这块巨石可能是世界上最早的声控防盗门，可阿里巴巴是古代人，对高科技不感兴趣，只对财宝有点儿想法。

等强盗走后，阿里巴巴学着叫了一声芝麻开门，走进洞去装了一袋金币。回家后，他用这些钱还了欠戈西母的高利贷。

穷弟弟一夜之间有了钱，戈西母感到很奇怪，阿里巴巴不愿独占财富，便把山洞藏宝的秘密告诉了哥哥。

戈西母一听乐了,连忙带了几十个麻袋赶到那里,叫了"芝麻开门"进入山洞,然后又叫"芝麻关门"偷偷在洞里装财宝。可是他太不知足,装了一整天财宝还不肯走,居然把开门的口令给忘了。

戈西母急得满头是汗,试着叫了西瓜开门、苹果开门、黄桃开门、菠萝开门、香蕉开门种种口令,反正能做水果沙拉的材料他都叫遍了,就是没有芝麻!结果全部密码错误,被关在洞里出不来。

晚上,强盗们回到山洞,发现了戈西母。强盗很生气,后果很严重,他们杀了戈西母,把尸首扔在洞口边。

阿里巴巴见哥哥一整天没回来,连忙赶到山洞,发现了哥哥的尸首。他哭了一阵,带着尸首回到家中举办了隆重的葬礼。

第二天,强盗返回山洞发现尸首不见了,料定又有人来过,于是,首领派了一个强盗去城中打探消息。

这个强盗打听到阿里巴巴家正在为戈西母办丧事,便在他家大门上画了个红叉叉做记号,准备夜晚带人来杀人灭口。

戈西母有个女仆叫马尔基娜,她看见阿里巴巴家的门上有个记号,觉得不对劲,便将所有邻居的大门都画了红叉叉。

晚上,强盗们摸进城里,发现家家户户门上都有红叉叉,不知从何下手,首领很生气,后果很严重,便把打探消息的强盗给"咔嚓"了。

一计不成又生一计。首领亲自扮成卖油的商人,让其他强盗藏在油瓮里一起进城。首领查出阿里巴巴也拿过财宝,便假装到阿里巴巴家借宿,把藏有强盗的油瓮搬进他家后院,准备晚上动手行凶。

关键时刻,巾帼英雄马尔基娜又站了出来,她去后院时听到油瓮里有人打哈欠,发现藏有强盗。于是,她烧了一大锅热油,分别倒进每个油瓮,把三十多个强盗像害虫一样全烫死了。

解决了小兵,轮到 Boss 了。马尔基娜走进客厅,见强盗首领握着弯刀假装与阿里巴巴喝酒,准备暗害他。

马尔基娜对首领说:"大爷,我为您跳支舞助助酒兴吧!"

"若你答对我的问题,我就很愿意欣赏你的舞蹈!"首领说。

下面哪一项和芝麻无关?

A. 油料;

B. 黑头发;

C. 食品;

D. 染料。

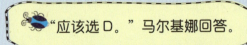

"应该选 D。"马尔基娜回答。

·首领评判·

阿里巴巴也不知道的小秘密

尽情地跳吧,我的小美人儿!

你答对了!芝麻是一种叫胡麻的植物的种子,作用很多。

它的含油量高达61%,是重要的油料作物之一。从芝麻中提取出的油料,不但闻起来香气扑鼻,还可以增进食欲,促进营养成分吸收,而且不含任何对人体有害的成分,是上好的食用油和调味料。

芝麻中含有多种营养物质,每100克芝麻中含有约22克蛋白质、62克脂肪、560毫克钙、50毫克铁、370毫克磷以及大量的维生素、卵磷脂和亚油酸,这些都是对人体有百益而无一害的好东西。因此,芝麻又是人们餐桌上常见的美食。

芝麻分为白芝麻和黑芝麻两种,在中国,医生将黑芝麻作为一种药物,将它反复蒸晒过后,连同其他药物制成药丸,服用后可以补肝补肾,治疗头晕眼花、腰腿酸痛、四肢无力等症状,还能让花白的头发变得乌黑光亮呢!

虽然黑芝麻是黑色的,但是它并不能把别的物体染成黑色,所以不能作为染料。

·马尔基娜的惩罚·

马尔基娜答对了问题,开始翩翩起舞,优美的舞姿让首领神魂颠倒,全然忘了加害阿里巴巴。不知马尔基娜是不是看过中国的故事《鸿门宴》,学起了"项庄舞剑,意在沛公"。她跳着舞靠近首领,趁他不注意,突然拔出早就藏在身上的匕首,一刀结果了首领的性命。

在一旁的阿里巴巴看得目瞪口呆,得知油商是强盗所扮后,他对文武双全的马尔基娜十分钦佩,为了感谢她的救命之恩,阿里巴巴娶她为妻,从此过上美满的生活。

二十六：大海到底啥颜色？只有辛巴达知道！

有一个叫辛巴达的年轻人打算干一番事业，他选择了航海探险。第一次出海，辛巴达和船员发现了一座小岛，便登上小岛烧火做饭，大家刚一点燃柴火，小岛颤动了起来。原来，这不是岛，而是一条大鲸鱼！它浮在海面上打瞌睡，结果被火给烫醒了。船员们被鲸鱼拉入了海底，只有辛巴达幸运地抓住了一块木头，漂回了陆地。

首次出海就差点没命，可辛巴达没有放弃，继续出海旅行。第二次出海，辛巴达和同伴们来到一座荒岛，大家举办野外烧烤大吃大喝，结果同伴们吃饱喝足后嘴一抹，把船开走了，竟然把辛巴达给忘在了荒岛上。辛巴达东寻西找，发现了一只大雕，他偷偷抓住大雕的腿，飞到了一座山谷里。

山谷四周全是悬崖，谷底堆满了天然钻石。山上的居民为了获得钻石，把血淋淋的羊肉扔进谷底，用血肉把钻石粘住，这时，秃鹫会叼起羊肉飞到山上享用，居民赶走秃鹫就能得到钻石了。

辛巴达把谷底的羊肉收集起来，绑在自己身上，伪装成一块很大很大的肉，秃鹫一见口水直流，把辛巴达从谷底叼到山上。赶走秃鹫后，辛巴达不但获救了，还捡到不少钻石。

尝到了冒险的甜头，辛巴达一发不可收拾，航海的次数越来越多。

有一次，辛巴达航行到一个岛国，发现这里的人居然不知道马鞍是什么东西。于是，他制作了一副马鞍献给国王，国王用来骑马感到很舒服，不但重赏了辛巴达，还把公主嫁给了他。辛巴达开店卖起马鞍，生意十分兴隆。当了驸马又有钱赚，辛巴达不想再航海了，可是后来发生了一件事让他改变了主意……

一天，辛巴达看见一个活着的男人被人们拉到城外下葬，觉得很奇怪，便询问原因。原来，这个国家有个风俗，夫妻双方如果有一人去世，另一人就必须陪葬。这个男人的老婆病死了，所以要一起下葬。

听到这些，辛巴达嘴张得下巴都要掉了，他连忙去问国王："万一公主去世了，驸马也要陪葬吗？"国王用非常坚定的眼神望着他说："是的，你就入乡随俗吧！"

读名著学常识

辛巴达的挑战

辛巴达从此生活在恐惧中,每天都求神拜佛:"愿老婆大人长命百岁……"可是屋漏偏逢连夜雨,不久,公主病逝了。国王怀着沉痛的心情给辛巴达举行了一场告别仪式,将他来了个五花大绑,封进了公主的墓里。

辛巴达在墓中快要饿死了,不知过了多久,突然看见头顶出现了一丝亮光。原来那是野兽打洞时把墓穴打通了。辛巴达挣脱绳索,借着兽洞爬出坟墓,总算大难不死逃回了家。

休养一阵子后,辛巴达继续航海。这一次,他在孤岛上迷了路,看见一位坐在河边的老人,便上前问路。老人"哎哎"地叫了两声,示意要辛巴达背他过河。但是,当辛巴达背起老人时,老人的两腿死死夹住了他的脖子,一连几天都不放,竟然把辛巴达当成了他的马。辛巴达被老人折磨得痛苦不堪,绞尽脑汁想办法摆脱。

辛巴达用采来的葡萄酿成葡萄酒,津津有味地喝起来。老人见了"哎哎"地叫着伸出手也要喝。辛巴达故意装出不愿给的样子,说:"除非你答对我的问题,我就给你喝!听好了——"

海水到底是什么颜色?

A. 没颜色;

B. 蓝色;

C. 黑色;

D. 白色。

 "哎……哎哎"老人似乎只会这个发音。

辛巴达评判

你是在说"A"吗?恭喜你,答对了!

我们看到的大海大都是蓝色,但是打一桶海水装进玻璃杯中,你会发现海水和普通的水一样是无色透明的,这才是海水真正的颜色。那么,我们所看见的大海为什么是蓝色的呢?

这是因为,我们所见的白色太阳光,其实是由红、橙、黄、绿、青、蓝、紫七种颜色的光组成的。其中,红、橙、黄光的波长较长,穿透能力较强,最容易被大海里的水分子吸收。蓝光、紫光波长较短,穿透能力较弱,遇到海水时很容易被散射和反射回来。

所以,当太阳光照到海面上,大部分蓝光、紫光被散射、反射了回来,其他颜色的光基本被海水吸收。又因为人的眼睛对紫光不太敏感,所以看见的大海基本是蓝色。

另外,由于具体的情况不同,有些海域会呈现别的颜色。如红海中生长了一种水藻,把海水染成了红色;黑海盐度高、海水混浊,海水呈黑色。但,不管大海看起来是什么颜色,海水本来的颜色就是透明的。

阿里巴巴也不知道的小秘密

辛巴达的承诺

辛巴达把酒递给了老人。老人喝酒后大发酒疯,"哎哎哎"地乱叫一通,然后呼呼睡着了。这一睡,他的两腿松弛下来,辛巴达趁机把他从肩上甩下,拼命逃跑。岛上的居民救了辛巴达,并告诉他,原来那个不会说话的老人并不是人类,而是一种怪猿,人一旦被它骑到头上就会受它奴役,直到折磨致死。而辛巴达是第一个逃出它魔爪的人。

后来,辛巴达整整花了二十七年时间航海,一共出海七次,次次都有惊险的奇遇,他的故事广为流传,最后,他成为家喻户晓的航海家。

秘密二十七：别瞧不起小孩，否则让你好看！

别看小孩年纪小，聪明起来，照样能维护世界和平。不信你看……

从前有个坏蛋，整天喜欢厚颜无耻地赖到别人家混饭吃。他听说隔壁的女邻居丈夫刚死，认为很好欺负，于是不请自来地跑到女邻居家，嬉皮笑脸地聊了几句，便一屁股坐到餐厅跷起二郎腿，等着开饭。女邻居很爱面子，不敢拉下脸来赶走坏蛋，只好进厨房准备饭菜。

这时，女邻居三岁的儿子跑进饭厅玩耍，坏蛋见他流着鼻涕舔着棒棒糖，没把这小屁孩当一回事。

突然，小孩"哇"的一声大哭起来，把坏蛋吓了一跳。女邻居跑出厨房问："儿子，怎么了？""妈妈，我要喝水！"女邻居连忙倒了一杯水。

"哇……"小孩又大哭大叫。女邻居又出来问："咋了？""妈妈，水里没加糖！"女邻居又去加糖。

就这样，小孩这会儿哭着要玩具，那会儿喊着要擦屁股……一连叫了妈妈十几次，每次都一惊一乍的，把坏蛋搞得心脏病都要犯了。女邻居也因为受到干扰，一顿饭做了两个时辰都没做好，饿得坏蛋头昏眼花。

阿里巴巴也不知道的小秘密

"你这小东西怎么这么坏?就知道麻烦你妈!"坏蛋终于气急败坏地呵斥起小孩。

小孩瞪了坏蛋一眼,毫不示弱地反驳:"你不是一样想麻烦我妈吗?我想喝水就哭,想加糖也哭,从不掩饰内心的想法。而你想吃白饭却不敢说,你说是我坏还是你坏呀?"

坏蛋一听这三岁小孩竟看穿了自己的坏心思,不禁大吃一惊,无地自容地溜走了。

这小孩到了五岁的时候,又做了一件令人称奇的事。

一次,有四个商人凑齐了一千枚金币到外地做生意,他们把金币装在一个布袋里出发了。四人赶了很远的路,都很疲惫,恰巧路过一个洗澡堂,便决定进去洗个澡,放松放松。四人将金币交给了澡堂看门的老太太保管,并约定只有四人全部同意,老太太才能把金币归还。

四人走进澡堂洗了个痛快,但发现忘了带梳子,淋湿的头发没法梳。

"你们在澡堂等着,我去找门口的老太太借梳子!"其中一个商人说,其他三人同意了。

读名著学常识

老太太的挑战

"老太太,我来取回那袋金币。"那个商人走到门口,小声对老太太说。

"事先说好了,必须你们四人都同意我才能将金币归还,你一个人来不行!"老太太说。

那个商人回过头,对着澡堂里大声喊:"她不肯给!"

等在澡堂里的三人只听见"她不肯给"四个字,以为是老太太不肯借梳子,便一齐大声向门口喊道:"老太太,你就给他吧!"老太太听见喊声,以为四人都同意了,便把金币交给了那个商人。

这招真阴险啊!那人拿到金币,偷偷穿戴整齐就溜走了,再也没有回来。等到其他三人出来要金币,老太太哪解释得清楚啊?于是,她被三个商人告到了法官那里,被判赔偿一千枚金币。

老太太气得坐在地上直哭,这时,那个聪明的小孩正好路过,上前询问原因,老太太一五一十地把背黑锅的遭遇告诉了他。

"这还不简单?给我一颗糖,我就帮你把这事摆平!"小孩说。

"你只是个五岁的小孩,怎么帮我?你答对我出的问题再说吧。"老太太说。

下面哪一项是小孩和大人的区别?

A. 成人从不尿床;

B. 小孩比大人傻;

C. 小孩做梦比成人多;

D. 小孩心跳比成人快。

 "这也想考倒我?当然选D了。"小孩说。

·老太太的评判·

答对了！在平静的状态下，成年人的心跳一般是每分钟 60～90 次，而儿童的心跳一般保持在每分钟约 90 次，婴儿的心跳则达到了每分钟 120 次，几乎是成年人的两倍。

我们的心脏就像一台水泵，它一刻不停地一张一缩，推动血液在人体全身循环流动，这就形成了心跳。血液中溶解有我们吸收的氧气、蛋白质、脂肪、糖，只有靠心脏不断地推动血液流动，这些人体必须的能量才能随血液输送到身体各处，维持人的生命，促进身体的成长发育。

儿童正处在发育时期，因此他们的身体每时每刻都需要"添砖加瓦"，消耗大量氧气和营养物质，这样才能保证儿童日新月异的机体变化，个子越长越高、各个器官越来越成熟……这就需要心脏"加班加点"，加快推动血液的流动速度。而成年人身体基本不再发育，心脏也就不需要卖力"加班"了。研究证明，儿童心脏每分钟输出的血量，血液循环全身一周的时间都大于成人。所以儿童的心跳要快于成年人。

·老太太的承诺·

小孩答对了，老太太给了他一颗糖吃。小孩吃完糖，笑眯眯地带着老太太找到法官和三个商人，说："当初你们约定的是，如果四个商人一致同意，老太太才能把金币归还。那么，现在你们要老太太赔偿金币，那就需要四个商人全到齐了，她才能赔偿！"

法官听后觉得有道理，便对三个商人说："对呀，你们快把另一个商人找回来，这样才能拿到赔款。"三个商人低下了头……于是，老太太甩掉了背上的黑锅，高高兴兴回家了。

秘密二十八：用锡封住瓶口，看你怎么出来！

有一个贫穷的老渔夫，他的老伴常年生病在床，两口子全靠他打鱼来维持生计。

一天，渔夫来到海边打鱼，他撒下第一网，拉上来一堆破瓦片；撒下第二网，打上来几个破罐子；撒下第三网，捞起一只臭靴子……

"谁这么缺德？尽把垃圾扔海里，多不环保啊！"渔夫抱怨道，他撒下第四网，网里还是没有鱼，只有一个黄铜做的瓶子。

"一条鱼都没打到，全家得饿肚子了。"渔夫摇摇头，捡起瓶子看了看，只见瓶盖被锡死死地封住了拧不开，上面还盖有"所罗门王"几个字的印章。渔夫想："这玩意还是个古董，说不定里面有财宝。"于是，他抽出小刀，撬掉封锡，打开瓶口……

一股青烟从瓶子里冒出，瞬间聚成一团，变成了一个魔鬼。魔鬼一见渔夫便吓得发抖，不断嘀咕："所罗门王啊，别杀我……"

"从来只有人怕鬼，今天遇到鬼怕人！"渔夫觉得很奇怪，便问魔鬼："你别求饶了，所罗门王已经死了一千八百多年了。你到底是谁？穿越到我们这个时代来做啥？这瓶子是时空穿梭机吗?"

魔鬼一听,眉开眼笑起来:"我穿越过来是为了告诉你一个好消息!"

"啥好消息?"渔夫很高兴,以为魔鬼会帮他满足三个愿望啥的。

"我马上要杀死你,但可以让你选择死的方式,看我对你多好呀!"魔鬼冷笑。

渔夫吓得一屁股坐到了地上,说道:"这也算好消息?我救了你,你就这样报答我啊?"

"这还得从很早以前说起。"魔鬼说,"我本是一位天神,因为得罪了所罗门王,被他关到了这个瓶子里,扔进了大海。

在海上漂泊的第一个一百年里,我想,如果此时谁救我出来,我就让他终身享受荣华富贵,结果我失望了。

第二个一百年,我许愿,谁救我出来,我就带他找到地下宝藏,结果我白等了。

第三个一百年,我承诺,谁救我出来,我就满足他三个愿望,结果我自作多情了……如今我发誓,若有人救了我,我就杀死他,谁叫他让我苦等了这么久呢?不过,我可以让那人选择死的方式。"

读名著学常识

渔夫的挑战

听完魔鬼的身世,渔夫心想:"我还真倒霉啊,好事与我无关,坏事却全被我赶上了。看来想活命,我必须智取!"于是他急中生智,假装对魔鬼说:"你的身体这么大,如何钻进如此小的瓶子里?而且还待了一千多年?你别吹牛啦!"

"你不相信我的魔力吗?"魔鬼很生气。

"有图有真相!除非你钻进去给我看看!"渔夫说。

"钻就钻!让你死个明白!"魔鬼立刻化作一股青烟,徐徐钻进了瓶子里。渔夫一个箭步冲上前,抓起瓶子,用瓶盖堵住瓶口,由于所罗门王封印的法力,魔鬼在瓶里左冲右突就是出不来。

魔鬼见上了渔夫的当,连忙说:"放我出去,我会好好报答你的!"

"忘恩负义的魔鬼,我要把你扔进大海里,让你永世不得翻身!"

"若你放我出来,我保证你一家人衣食无忧。"魔鬼又在瓶中许诺。

渔夫听到这些,不免有些心动,便说:"那好,我给你一次机会,若你能答对我的问题,我就放你出来。"

所罗门王为啥要用锡来封住关你的瓶子?

A. 锡有魔力;

B. 锡容易熔化;

C. 锡很硬;

D. 锡有毒。

 "选B!"魔鬼回答。

渔夫评判

阿里巴巴也不知道的小秘密

答对了。看来你确实神通广大！锡和金、银、铜、铁并称为"五金"，是人类最早认识的金属。早在几千年前，人们就广泛地使用锡了。

锡略带蓝白色的光泽，它最大的特点就是熔点很低，在232℃的温度下就能熔化成液体，在100℃下，它也处于半熔化状态，可塑性很好，能压成薄如纸张的锡箔。

锡与金、铜等其他金属具有较好的亲和力，将熔化的液态锡倒在其他金属上，等它冷却固化后，能够牢牢地将两块其他金属焊接在一起。锡就像金属中的"万能胶"。

所罗门王生活于公元前1000年左右，那个时代科学技术十分落后，想要用火炉加热到高温很不容易。金、银、铜的熔点都在1000℃左右，铁的熔点更高，为1535℃。因此，想要牢牢封死黄铜做的瓶口，锡是最合适不过的"胶水"了，用火将锡烧一会儿便能轻松熔化。

但是，锡的质地很软，用刀就能切割，所以我用小刀就把封锡撬掉了，打开瓶盖把你放了出来。

渔夫的承诺

渔夫打开瓶盖，魔鬼一出来便一脚将所罗门王的瓶子踢进大海。渔夫很恐慌，生怕魔鬼出尔反尔。"放心吧，我很讲诚信！"魔鬼拍拍渔夫的肩膀，把他带到了荒野中的一个大湖边，湖中游着许多白、红、蓝、黄四种颜色的鱼，十分好看。魔鬼对渔夫说："你将四色鱼各捉一条，献给国王，就能衣食无忧。"说完，魔鬼不见了。渔夫按魔鬼说的做了，果然讨得国王欢心，得了四百枚金币的赏钱，兴高采烈地回家了。

渔夫的故事讲完了，但那四色鱼却引发了下面一个故事……

秘密二十九：大胆！谁敢糟蹋国王的全鱼宴？

话说国王见到上一个故事中渔夫献来的四色鱼，口水流了一地，命令厨师做成全鱼宴，要亲自尝尝四色鱼的味道。

诡异的事情发生了……

厨师在厨房里正准备煎鱼，突然天空电闪雷鸣，从墙壁中走出一个女人，打翻了装鱼的油锅，然后走进墙壁不见了。厨子吓得浑身哆嗦，再看看那四条鱼，全变成了石头！

厨师连忙报告国王，国王觉得这事太离谱，便命令渔夫再去打四条鱼来让厨子做菜。这一次，国王搬了个板凳坐在厨房里盯着。

天空电闪雷鸣，一个女人走出墙壁，在国王眼皮底下把鱼变成了石头，还没等国王反应过来，她就走进墙壁消失了。

"厨房有鬼！"国王终于相信了，不过他并没害怕，反而怒发冲冠："敢糟蹋国王的全鱼宴，想造反啊？管你是神是鬼，照样灭了你！"

国王料定女人和那四色鱼有关，便召见渔夫，问清了四色鱼所在大湖的方位。夜深人静时，他偷偷出宫，独自一人到大湖附近调查。

国王在湖边看到了一座废旧的宫殿，便走进去看个究竟。宫殿里的摆设整整齐齐，空无一人，结满了蜘蛛网，气氛十分阴森恐怖。

突然，宫殿大堂里传来了一阵哀号声，国王寻声走去，看见大堂里站着一个年轻人，只见他头发下垂，遮住了半张脸，白色的衣袍在风中飘荡……

"你在这里哭什么？"国王毫不害怕地上前询问。

年轻人默不作声，而是慢慢地撩起衣服，只见他从腰到脚，下半身全化成了石头！

见到这可怕的一幕，国王居然连眼睛都没眨一下，继续追问："别打岔！我问你，你见过一个会把鱼变成石头的女人没有？"

"砖家"分析，这位国王很可能经常去游乐场玩"鬼屋"练胆量……

"求你，帮帮我……"年轻人说话了，他给国王讲述了一个故事：

"很久以前，这里曾是一个人来人往的国家，而我则是国王。十几年来，我与王后夫妻恩爱，每晚她都会哄我睡觉。

可是有一天，我从宫女口中得知，王后竟是一个妖怪，她每天趁我睡着，便溜出王宫和一个男巫幽会……"

读名著学常识

妖后的挑战

年轻人继续讲他的身世："一天晚上，我偷偷跟踪王后，果真见她与男巫在约会。他们正商量着如何毒死我，篡夺王位。我气得冲出来，用剑把男巫砍成重伤。王后原形毕露，把我的下半身变成石头，让我求生不得求死不能。她还把城市变成大湖，将人们都变成四色的鱼，如果谁敢离开大湖，就会被她变成石头。你说的那个女人就是王后！"

"那她现在在哪里？"国王问。

"她每天都去卧室为男巫疗伤。"

"你等着，看我如何除掉妖后！"国王说。

他偷偷摸进卧室，一剑刺死躺在床上的男巫，将尸体藏好，然后爬上床，盖好被子……等了很久，天空电闪雷鸣，妖后来了。

"亲爱的，伤好些了吗？"妖后把国王当成了男巫，关切地问。

"好些了，但是你那半石半人的丈夫每天都在哀号，令我无法入睡，你还是将他复原吧！"国王回答。

妖后疑惑地说："他砍伤了你，你为何要放过他？这样吧，答对我的问题，我就照办！"

为何鱼不用睡觉？

A. 鱼脑太简单；

B. 精力很充沛；

C. 睡着会淹死；

D. 其实鱼会睡觉，只是看不出来。

 "选D。"国王回答。

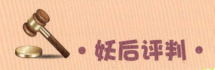

妖后评判

聪明！答对了。真不愧是我的心肝宝贝。

很多人都以为鱼不会睡觉，事实上这是错误的。

所有的脊椎动物都需要睡觉，这样才能恢复中枢神经系统与肢体的疲劳。吃过鱼的人都知道，鱼的身体中有一根长长的大骨头，那就是鱼的脊椎。所以鱼类是脊椎动物的一员，睡觉是必须的。

但是，因为鱼没有眼睑，不能闭眼，不管是醒着还是睡觉时，都瞪着一对圆圆的眼睛。而且，鱼在休息时只用停在水里静止不动，或是轻轻摆尾就行了，不需要像陆地上的动物那样躺下来才能睡觉，所以让许多人都误以为它们不用睡觉。

鱼睡觉的方式也是千奇百怪。鲫鱼、鲤鱼钻进水草里睡觉；鲻鱼、鲷鱼则躲在岩石缝隙睡觉；鲆鱼、鲽鱼白天在海底活动，晚上睡觉时会浮出海面；金枪鱼、鲭鱼等在江河或大洋中作长距离洄游的鱼类，它们睡觉的本事就更大了，能够一边游泳一边睡觉，使得人们更难看清它们是否在睡觉了。

妖后的承诺

国王答对了。妖后施了个法术，让年轻人的下半身复原了。"这还不够，你把人们都变成了鱼，我没人唠嗑，无聊死了！你还是把他们变回来吧！"国王继续说。

"好的，全听你的！"妖后又念了一段咒语，一阵地动山摇之后，大湖不见了，城市拔地而起，鱼都变回了人。"嗯，这还差不多！你快把我从床上扶起来！"国王又说。妖后靠近国王，弯下腰正准备来扶，国王突然抽出被窝里的宝剑，杀死了妖后。从此，这个胆子特大的国王名垂千古，被人们广为传颂。

秘密三十： 冒牌中国货？这也太逗了！

八百年前，阿拉伯海港巴士拉城中有一个懒儿子，他爸爸死得早，妈妈体弱多病，生活十分贫苦。可是，懒儿子二十多岁了，还待在家里饭来张口，衣来伸手，不愿劳动。

一天，妈妈对躺在床上的儿子说："儿啊，家里已经穷得揭不开锅了。我听说有个正直的老商人要率船队到中国进货，你赶快出门打一天零工，赚五枚银币回来，然后我去求他帮忙用这五枚银币捎点儿中国货，我们也好摆个地摊养家糊口。"

"打一天零工能让我富裕吗？"懒儿子问道。

"只要你愿意劳动，就会得到真主的眷顾，给你带来致富的希望。"妈妈苦口婆心地说。

"好，那我去干活，就一天！"

于是，妈妈把懒儿子从床上拉起

来，帮他穿好衣服系好鞋带，又扶他出门来到市场。懒儿子不情不愿地在那里做了一天搬运工，总算挣了五枚银币。妈妈将银币交给老商人，拜托他代购的事情。老商人见她可怜，就答应了。

过了一个月，老商人率船队沿海上丝绸之路到了中国。

这里要说一下，古代的中国货可不同于现在。只要货物"Made in China"，那就是国际名牌，在老外心中的地位非常高。中国的丝绸、瓷器、茶叶等就像现在的苹果手机、宝马汽车、LV皮包一样，相当抢手！

老商人带领的购物团扫货了整整十天，大家背着大包小包的中国货，心满意足地起程返航了。他们在海上航行了三天三夜，突然老商人喊起来："停船！快停船！"

"为啥停船？出了什么事？"船员们问。

"我忘记给那母子代购中国货了，我要回中国。"老商人说。

"您老就行行好吧，我们已经走了三天三夜，回去谈何容易？"船员们不同意。

"这样吧，有谁愿意转卖五银币的货物给那母子俩？"老商人问。

船员们都使劲摇头。这也难怪，好不容易出趟国，谁愿意把自己血拼来的"苹果手机"、"LV皮包"分给陌生人呢？

"我们在路上随便给他们买点什么东西算了，就说是从中国带的。如果这东西挣了钱，也算那母子的，我们没意见。"船员们出了个主意。

读名著学常识

老商人的挑战

"事已至此，只好这么办了。"老商人没法子。

后来，船队在一座满是猴子的小岛上休整，船员们花了五枚银币，找当地人买了一只没人要的秃头猴子，准备带给母子。

然而，意想不到的事情发生了。

一天，船队正在海上休整，秃头猴子突然跳进海里不见了，大家纷纷叹息："这母子俩真够倒霉的，代购了一件中国货，竟是冒牌的，最后还弄丢了。"这时，猴子又浮上了海面，大家把它抓上来一看，猴子居然从海底捞出一块价值不菲的宝石！按照先前约定，猴子是母子俩的，它挣的宝石也属于母子俩。

又有一天，船队在一个荒岛上遭遇了食人族，全体船员被食人族绑起来准备烧烤。夜晚，猴子趁食人族在睡觉，把船员们的绳索一一解开，大家才死里逃生。

"猴子救了我们，我们每人应该出一千枚金币感谢那对母子！"老商人说。

"这也太多了吧！"船员们惊呼。

"若你们答不上我的问题，这次就得听我的！"老商人说。

我们购进的中国货，不会卖到哪里？

A．阿拉伯各国；

B．欧洲；

C．美国；

D．非洲。

 "应该是D！"船员们回答。

老商人评判

错了!应该选 C。

古代中国的丝绸、瓷器、茶叶等产品举世闻名,各国商人纷纷前往中国做生意。久而久之,他们往返中国所经的路线就形成了一条联通欧、亚、非三大洲的古老商道,这就是著名的丝绸之路。我们进货就是依靠这条商道。

丝绸之路分为陆上和海上两种。

公元前 119 年,中国著名外交家张骞出使西域,正式开通了陆上丝绸之路。这条路线从长安出发,经过中亚,穿越中东阿拉伯各国,直达欧洲的罗马和非洲北部,中国的产品也流通到了沿途各国。

海上丝绸之路兴盛于中国宋元时期,也就是我们这个时代。它从泉州、广州等中国沿海城市出发,东至朝鲜、日本,南至东南亚各国,西至阿拉伯和东非地区。

丝绸之路促进了古代欧、亚、非人民的交流,后来因为气候恶化、战争等原因,它从十五世纪开始逐渐衰落。

1492 年,哥伦布才发现美洲。1776 年,美国建立。这都是我们这个时代之后的事情,所以我们的商品不可能卖到那里。

阿里巴巴也不知道的小秘密

老商人的承诺

船员们答错了,只好每人掏出一千金币作为救命谢礼。回到巴士拉后,老商人将猴子、宝石和金币一起交给了母子俩。

"这就是我那天付出劳动的回报吗?看来,只要我肯劳动,真主真的会眷顾我!"懒儿子简直不敢相信自己的眼睛,从此,他改掉了懒惰的毛病,用这笔钱开了一家店铺,过上了自食其力的生活。

Game Start!

现在，看完了一千零一夜的故事，见到这么多主人公或机智、或糊涂地回答问题，你是不是也有点儿跃跃欲试呢？

来吧，小读者们，想要PK一下他们的IQ吗？放松一下，开始智力大冲关吧！

强盗过河

阿里巴巴来到一条大河边,发现3个平民和3个强盗正准备过河,他们正在争论过河的顺序。小船一次只能坐2个人,如果河岸两边有一边平民比强盗数量少,强盗就可能会打劫平民。那么,该怎么办呢?

动手尝试吧!

阿拉丁的魔方

阿拉丁根据四种怪物的造型设计了一个魔方,不过,魔方里还有一些格子没有画上怪物的图形。现在,小读者,请帮阿拉丁想一想,如何在空白的格子里填上怪物图形,并且使横排和竖排的怪物都不重复呢?

答案

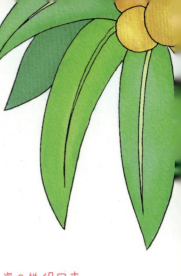

强盗过河

1. 强盗A、B上船过河,到对岸后强盗A下船,强盗B坐船回来;
2. 强盗B和强盗C过河,到对岸后强盗C下船,强盗B坐船回来;
3. 平民A和平民B过河,到对岸后平民A下船,平民B和强盗A坐船回来;
4. 平民B和平民C过河,到对岸后平民B、C下船,强盗C坐船回来;
5. 强盗C和强盗A过河,到对岸后强盗A下船,强盗C坐船回来;
6. 强盗B和强盗C过河。

至此,所有人都已经过河。

阿拉丁的魔方

个 人 信 息

姓　　名：

班　　级：

学　　校：

星　　座：

血　　型：

家庭住址：

电　　话：

兴趣爱好：

座右铭：

年　月　日　天气

年　月　日　天气

年　月　日　天气

年　月　日　天气

年　月　日　天气

年　月　日　天气

年　月　日　天气

年　月　日　天气

年　月　日　天气

年　　月　　日　　天气

年　月　日　天气

年　月　日　天气

年　月　日　天气

年　月　日　天气

年　月　日　天气

年　月　日　天气

年　月　日　天气

年　月　日　天气

　　年　　月　　日　　天气

年　月　日　天气

年　月　日　天气

年　月　日　天气

年　月　日　天气

年　月　日　天气

年　月　日　天气

年　月　日　天气

年　月　日　天气

年　月　日　天气

年　月　日　天气

年　月　日　天气

年　月　日　天气

年　月　日　天气

年　月　日　天气

年　月　日　天气

年　月　日　天气

年　月　日　天气

年　月　日　天气

年　月　日　天气

年　月　日　天气

年　月　日　天气

年　月　日　天气

年　　月　　日　　天气

年　月　日　天气

年　月　日　天气

年　月　日　天气

年　月　日　天气

年　月　日　天气

年　月　日　天气

年　月　日　天气

年　月　日　天气

年　月　日　天气

年　月　日　天气

年　月　日　天气

年　月　日　天气

年　月　日　天气

年　月　日　天气

年　月　日　天气

年　月　日　天气

　　　　年　　月　　日　　天气

年　月　日　天气

年　月　日　天气

年　月　日　天气

年　月　日　天气

年　月　日　天气

年　月　日　天气

年　月　日　天气

年　月　日　天气

年　月　日　天气

年　月　日　天气

年　月　日　天气

年　月　日　天气

年　月　日　天气

年　月　日　天气

年　月　日　天气

年　月　日　天气